ANATOMIA VETERINÁRIA I

Revisão técnica:

Cristina Bergman Zaffari Grecelle
Mestre em Microbiologia Agrícola e do Ambiente
Especialista em Clínica e Cirurgia de Pequenos Animais
Graduada em Medicina Veterinária

H774a Honorato, Angelita.
Anatomia veterinária I / Angelita Honorato e Róli Rodrigues Simões ; revisão técnica: Cristina Bergman Zaffari Grecelle. – Porto Alegre : SAGAH, 2023.

ISBN 978-65-5690-357-6

1. Veterinária – Anatomia. I. Simões, Róli Rodrigues. II. Título.

CDU 636.09

Catalogação na publicação: Mônica Ballejo Canto – CRB 10/1023

ANATOMIA VETERINÁRIA I

Angelita Honorato
Doutora e Mestre em Ciências Veterinárias
Graduada em Medicina Veterinária

Róli Rodrigues Simões
Pós-doutorado em Neurociências
Doutora em Farmacologia
Mestre em Farmacologia
Especialista em docência e tutoria no Ensino à Distância
Licenciada em Educação
Médica Veterinária

Porto Alegre,
2023

© Grupo A Educação S.A., 2023

Gerente editorial: *Arysinha Affonso*

Colaboraram nesta edição:
Editora responsável: *Dieimi Deitos*
Preparação de original: *Lara Sant' Ana Pio de Almeida*
Capa: *Paola Manica | Brand&Book*
Editoração: *Ledur Serviços Editoriais Ltda*

Importante
Os *links* para *sites* da *web* fornecidos neste livro foram todos testados, e seu funcionamento foi comprovado no momento da publicação do material. No entanto, a rede é extremamente dinâmica; suas páginas estão constantemente mudando de local e conteúdo. Assim, os editores declaram não ter qualquer responsabilidade sobre qualidade, precisão ou integralidade das informações referidas em tais *links*.

Reservados todos os direitos de publicação ao GRUPO A EDUCAÇÃO S.A.
(Sagah é um selo editorial do GRUPO A EDUCAÇÃO S.A.)

Rua Ernesto Alves, 150 – Floresta
90220-190 Porto Alegre RS
Fone: (51) 3027-7000

SAC 0800 703-3444 – www.grupoa.com.br

É proibida a duplicação ou reprodução deste volume, no todo ou em parte, sob quaisquer formas ou por quaisquer meios (eletrônico, mecânico, gravação, fotocópia, distribuição na Web e outros), sem permissão expressa da Editora.

IMPRESSO NO BRASIL
PRINTED IN BRAZIL

APRESENTAÇÃO

A recente evolução das tecnologias digitais e a consolidação da internet modificaram tanto as relações na sociedade quanto as noções de espaço e tempo. Se antes levávamos dias ou até semanas para saber de acontecimentos e eventos distantes, hoje temos a informação de maneira quase instantânea. Essa realidade possibilita a ampliação do conhecimento. No entanto, é necessário pensar cada vez mais em formas de aproximar os estudantes de conteúdos relevantes e de qualidade. Assim, para atender às necessidades tanto dos alunos de graduação quanto das instituições de ensino, desenvolvemos livros que buscam essa aproximação por meio de uma linguagem dialógica e de uma abordagem didática e funcional, e que apresentam os principais conceitos dos temas propostos em cada capítulo de maneira simples e concisa.

Nestes livros, foram desenvolvidas seções de discussão para reflexão, de maneira a complementar o aprendizado do aluno, além de exemplos e dicas que facilitam o entendimento sobre o tema a ser estudado.

Ao iniciar um capítulo, você, leitor, será apresentado aos objetivos de aprendizagem e às habilidades a serem desenvolvidas no capítulo, seguidos da introdução e dos conceitos básicos para que você possa dar continuidade à leitura.

Ao longo do livro, você vai encontrar hipertextos que lhe auxiliarão no processo de compreensão do tema. Esses hipertextos estão classificados como:

Saiba mais

Traz dicas e informações extras sobre o assunto tratado na seção.

Fique atento

Alerta sobre alguma informação não explicitada no texto ou acrescenta dados sobre determinado assunto.

Exemplo

Mostra um exemplo sobre o tema estudado, para que você possa compreendê-lo de maneira mais eficaz.

Link

Indica, por meio de *links* e códigos QR*, informações complementares que você encontra na *web*.

https://sagah.maisaedu.com.br/

Todas essas facilidades vão contribuir para um ambiente de aprendizagem dinâmico e produtivo, conectando alunos e professores no processo do conhecimento.

Bons estudos!

---

* Atenção: para que seu celular leia os códigos, ele precisa estar equipado com câmera e com um aplicativo de leitura de códigos QR. Existem inúmeros aplicativos gratuitos para esse fim, disponíveis na Google Play, na App Store e em outras lojas de aplicativos. Certifique-se de que o seu celular atende a essas especificações antes de utilizar os códigos.

PREFÁCIO

Desde o início da graduação, os estudantes de medicina veterinária desejam e precisam aprender sobre a vasta e desafiadora área de conhecimento da anatomia. Pensando nessa necessidade, os capítulos deste livro foram elaborados de forma que descrevem e demonstram as principais estruturas anatômicas presentes nos animais domésticos de pequeno porte.

Inicialmente foram demonstradas as principais aplicabilidades da ciência da anatomia na prática da medicina veterinária, bem como as demais ciências que completam diretamente este assunto. Para isso, ao longo dos capítulos, foram abordados temas como osteologia, sindesmologia e miologia, assim como a comparação entre as diferentes espécies de animais.

A partir da leitura deste livro, você será capaz de identificar as principais estruturas ósseas e seus acidentes, as articulações e os músculos. Além disso, conseguirá entender e identificar a localização e a importância de cada músculo e articulação em cada uma das espécies.

Cristina Bergman Zaffari Grecelle

SUMÁRIO

Introdução à anatomia veterinária e à osteologia 13
Angelita das Graças de Oliveira Honorato
   Anatomia dos principais animais domésticos 14
   Principais diferenças anatômicas entre as espécies 16
   Terminologia referente à osteologia 18

Planos anatômicos e acidentes ósseos 23
Angelita das Graças de Oliveira Honorato
   Planos anatômicos nos animais domésticos 24
   Principais acidentes ósseos nos animais domésticos 27
   Principais acidentes ósseos nas diferentes espécies 29

Conhecimento anatômico dos ossos localizados na região da cabeça 37
Angelita das Graças de Oliveira Honorato
   Estruturas ósseas presentes na região da cabeça 38
   Localização das estruturas ósseas presentes na região da cabeça 42
   Principais estruturas ósseas nas diferentes espécies 47

Identificação dos acidentes ósseos presentes na região da cabeça 53
Angelita das Graças de Oliveira Honorato
   Acidentes ósseos presentes na região da cabeça 54
   Localização dos acidentes ósseos presentes na região da cabeça 57
   Principais estruturas ósseas nas diferentes espécies 62

Conhecimento anatômico da coluna vertebral, das costelas e do esterno 73
Angelita das Graças de Oliveira Honorato
   Características anatômicas da coluna vertebral, das costelas e do esterno 74
   Estruturas anatômicas da coluna vertebral, das costelas e do esterno 77
   Terminologia anatômica referente à coluna vertebral,
      às costelas e ao esterno 80

Identificação de ossos e acidentes ósseos: coluna vertebral, costelas e esterno 91
Angelita das Graças de Oliveira Honorato
Acidentes ósseos presentes na coluna vertebral, nas costelas e no esterno 92
Localização dos acidentes ósseos presentes na coluna vertebral,
nas costelas e no esterno 95
Principais ossos e acidentes ósseos 103

Estudo do esqueleto apendicular: ossos da região torácica ...107
Angelita das Graças de Oliveira Honorato
Características anatômicas dos ossos localizados na região torácica 108
Estruturas anatômicas dos ossos localizados na região torácica 113
Principais terminologias anatômicas referentes aos ossos
localizados na região torácica 122

Estudo do esqueleto apendicular: ossos da região pélvica 127
Angelita das Graças de Oliveira Honorato
Características anatômicas dos ossos localizados na região pélvica 128
Estruturas anatômicas dos ossos localizados na região pélvica 133
Terminologia anatômica referente aos ossos localizados na região pélvica 141

Identificação dos diferentes tipos de articulações 147
Róli Rodrigues Simões
Articulações presentes nos animais domésticos 148
Articulações: função e localização 154

Classificação das articulações do esqueleto axial 159
Róli Rodrigues Simões
Características das articulações do esqueleto axial 160
Terminologias das articulações do esqueleto axial 162

Articulações do esqueleto apendicular: região torácica 169
Róli Rodrigues Simões
Características das articulações do esqueleto apendicular: região torácica 170
Terminologias das articulações do esqueleto axial 171
Características das articulações falângicas em
diferentes ordens de animais 176

Articulações do esqueleto apendicular: região pélvica 179
Róli Rodrigues Simões
Características das articulações do esqueleto apendicular 180
Terminologias das articulações do esqueleto apendicular 181

Classificação anatômica e funcional dos músculos 187
Róli Rodrigues Simões
   Músculos presentes nos animais domésticos 187
   Classificação dos músculos 192

Identificação dos músculos da cabeça e do pescoço 197
Róli Rodrigues Simões
   Apresentação, características e terminologias dos músculos
      da região da cabeça e do pescoço 198

**Anatomia dos músculos do tórax e dos
membros torácicos 213**
Róli Rodrigues Simões
   Características, apresentação e reconhecimento das terminologias
      dos músculos do tórax 214
   Características, apresentação e reconhecimento das terminologias
      dos músculos do membro torácico 220

**Anatomia dos músculos abdominais e
dos membros pélvicos 233**
Róli Rodrigues Simões
   Características, apresentação e reconhecimento das terminologias
      dos músculos abdominais 234
   Características, apresentação e reconhecimento das terminologias
      dos músculos do membro pélvico 236

Introdução à anatomia veterinária e à osteologia

Objetivos de aprendizagem

Ao final deste texto, você deve apresentar os seguintes aprendizados:

- Descrever a anatomia dos principais animais domésticos.
- Identificar as principais diferenças anatômicas entre as espécies.
- Reconhecer a terminologia anatômica referente à osteologia.

Introdução

A anatomia veterinária é uma ciência que evolui com o conhecimento humano e que visa a construir conhecimentos fundamentais e básicos para a prática da medicina veterinária, comparando espécies e tendo por finalidade a observação macroscópica de sistemas e aparelhos dos animais domésticos. O estudo da anatomia se divide em partes: sistêmica, topográfica e aplicada, sendo que todas essas partes vão ajudar no exercício das técnicas de semiologia, clínica e cirurgia e áreas afins na veterinária.

O conjunto de termos empregados para designar ou nomear as estruturas do corpo dos animais constituem a Nomenclatura Anatômica Veterinária (NAV). Ela conceitua termos para nomear as estruturas que constituem os sistemas e aparelhos dos animais, estando eles presentes na osteologia, artrologia, miologia, esplancnologia, angiologia, neurologia e estesiologia.

Neste capítulo, você vai estudar como identificar as estruturas anatômicas dos animais, para poder diferenciá-las nas espécies e ainda conhecer a maneira pela qual são empregadas as terminologias anatômicas referentes.

Anatomia dos principais animais domésticos

O estudo da anatomia vai te propiciar o conhecimento da conformação estrutural de todos componentes do corpo dos animais domésticos. Para isso, é necessário adquirir os pré-conceitos anatômicos para facilitar e orientar seus estudos.

A anatomia é uma ciência que evolui com o conhecimento humano e tem como base os tratados e as obras clássicas de autores renomados, que funcionam como faróis para nortear a busca pelo conhecimento, sendo complementadas pela experiência pessoal e adquiridas nas dissecações das aulas práticas e, ainda, com o conhecimento prévio das estruturas a serem identificadas.

Tipos e divisões da anatomia veterinária

Você vai estudar vários tipos e divisões da anatomia na medicina veterinária. Os tipos de anatomia são:

- anatomia microscópica ou histológica;
- anatomia embriológica;
- anatomia ontogênica;
- anatomia filogênica;
- anatomia teratológica;
- anatomia patológica;
- anatomia macroscópica.

O tipo utilizado para o seu estudo anatômico é a anatomia macroscópica (FRADSON; WILKE; FAILS, 2005), sendo realizada por meio de dissecações e observações "a olho nu", denominada de anatomia propriamente dita, que não utiliza nenhum aparelho específico. Esse tipo de anatomia pode ser observada na Figura 1, na qual se visualiza o esqueleto de um bovino sem auxílio de nenhum equipamento tecnológico. Os demais tipos são estudados em fisiologia, histologia, patologia e outras áreas da medicina veterinária.

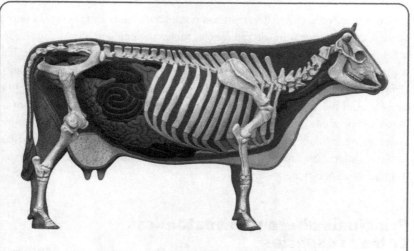

Figura 1. Anatomia macroscópica do esqueleto articulado de um bovino.
Fonte: ivanpavlisko/Shutterstock.com.

As divisões anatômicas são dadas por sistemas e aparelhos que se dividem nas áreas de estudo listadas a seguir.

- Osteologia: estudo do esqueleto e seus anexos.
- Artrologia: estudo das articulações também denominadas de junturas.
- Miologia: estudo dos músculos e seus anexos.
- Esplancnologia: estudo das vísceras (por exemplo, trato gastrointestinal, etc.).
- Angiologia: estudo do sistema circulatório e seus anexos.
- Neurologia: estudo do sistema nervoso.
- Estesiologia: estudo dos órgãos do sentido (todos componentes relacionados com as sensações por exemplo, auditivas, visuais, etc.).

 Fique atento

Anatomia é uma palavra que deriva do grego *Ana*, que significa parte de um todo ou parcelas; *tomia* remete a cortar, separar, então, a anatomia conceitualmente é cortar, separar as partes do corpo para assim melhor estudá-las de maneira metódica e orientada por meio das técnicas de dissecação.

Com intuito de evitar divergências na descrição das estruturas do corpo dos animais e para pontos de referência, foi estabelecida uma posição fundamental para os animais quadrúpedes, que é denominada posição anatômica. A posição consiste em o animal estar de pé, com os quatro membros apoiados firmemente ao solo, o pescoço encurvado para cima, formando um ângulo de 145° com o dorso, e a cabeça fica voltada para o plano horizontal com os olhos ao horizonte e as narinas para frente. Esse posicionamento vai ajudar a observar os animais com um padrão predefinido e capacitar para identificar possíveis alterações anatômicas dos animais, lembrando que casa espécie tem um padrão específico.

Principais diferenças anatômicas entre as espécies

Em anatomia, o termo *normal* é puramente conceito estatístico, ou seja, ocorrência que acontece o maior número de vezes dentro de uma espécie, tornando o evento normal e criando um padrão. Então, as descrições anatômicas devem seguir esse padrão normal, lembrando que este pode ser resultado de uma seleção natural ou artificial, como exemplo de várias raças e espécies de animais domésticos para companhia ou mesmo produção.

É possível notar que a diferença anatômica entre espécies pode acontecer em estruturas e fatores. Inicialmente vamos identificar essas variações em alguns os ossos. A idade pode fazer essa variação, pois o animal jovem apresenta maior número de ossos em razão da não junção total entre eles, enquanto no adulto há a fusão de vários deles. Com relação ao sexo do animal, o cão, por exemplo, apresenta o osso peniano, enquanto a cadela não. Em espécies diferentes também é possível notar essa variação de ossos, como um cão, que apresenta de quatro a cinco dedos, e um equino que apresenta, por sua vez, apenas um dedo. Assim, as variações no número de ossos se tornam bem evidentes, como você pode notar na Figura 2.

Saiba mais

A palavra **dissecação** é originada do latim *dissecare* (*dis* – em partes; *secare* – cortar). É um dos métodos para estudar a anatomia na prática, o mais utilizado e referido como padrão para esse estudo em muitas instituições de ensino.

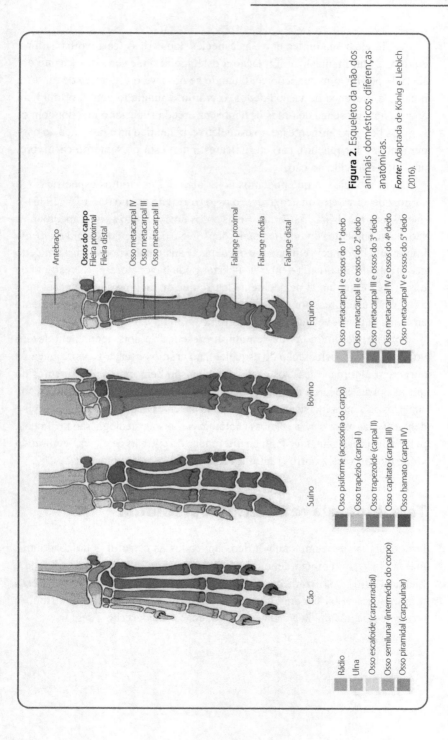

Figura 2. Esqueleto da mão dos animais domésticos; diferenças anatômicas.
Fonte: Adaptada de König e Liebich (2016).

A diferença anatômica entre as espécies domésticas (carnívoros, suínos, equinos e ruminantes), com relação à osteologia, pode ser visivelmente observada por meio macroscópico. Quando se observa o esqueleto de um cão, nota-se a presença de vários dedos, o crânio é abaulado com a órbita bem aberta, há a presença de todos os dentes na arcada superior e inferior com os caninos bem proeminentes, e no esqueleto esplâncnico há a presença do osso peniano (se for macho), característica esta que está presente no carnívoro, mais desenvolvido no cão.

Outra espécie em que podemos notar algumas estruturas específicas é o suíno, que apresenta quatro dedos, o osso rostral no crânio (GETTY, 1986), o que dá a forma da narina circular, e os ossos do esqueleto axial e apendicular são bem compactos com forma bem robusta. No equino pode-se citar a forma imponente da espécie em que seu esqueleto é sustentado por apenas um dedo desenvolvido, na arcada dentária superior pode haver a presença vestigial de um dente denominado de "dente de lobo", que quando presente é necessária a remoção cirúrgica, pois as ferramentas de doma se posicionam justamente em cima dele, provocando desconforto no animal.

Por fim, no bovino pode-se notar a presença de dois dedos bem desenvolvidos para a sustentação do esqueleto, no crânio observa-se a presença do corno em algumas raças, os ossos da pelve são bem mais proeminentes do que as outras espécies, o crânio é bem achatado na região frontal e na arcada superior os dentes incisivos e caninos estão ausentes, dando origem ao pulvino dental. Todas essas características anatômicas sobre a osteologia são facilmente perceptíveis e, assim, auxiliam na diferenciação entre as espécies, lembrando ainda que há vários outros ramos da anatomia a serem explorados.

Terminologia referente à osteologia

Para designar os termos anatômicos aplicados às estruturas do corpo animal, a NAV, ou também denominada *Nomina Anatomica*, segundo König e Liebich (2016), é utilizada corriqueiramente. Segundo Ellenport (1986), essa terminologia se baseia em alguns princípios e regras básicas para atribuir a terminologia adequada a cada estrutura, conforme descrito a seguir.

- Nomeação de termos fáceis de lembrar, com valores instrutivos e descritivos.
- Cada termo deve ser o mais curto e simples possível.
- Cada estrutura anatômica é designada por um único termo, com poucas exceções.
- A terminologia oficial é escrita em latim, porém, os anatomistas de cada país têm liberdade de traduzi-los para a sua respectiva língua.
- Na visão topográfica da anatomia, as estruturas intimamente relacionadas devem ter nomes semelhantes (por exemplo, artéria safena, veia safena e nervo safeno).
- Epônimos, que são termos derivados de nomes próprios, devem ser abolidos (por exemplo: trompa de Falópio, em vez de tuba uterina).

As denominações de algumas estruturas fazem referência a outras próximas, por exemplo, o quadríceps femoral, que é um conjunto de quatro músculos localizados próximos ao osso fêmur, ou mesmo a veia femoral, a artéria femoral, o nervo femoral, dentre outros.

O corpo dos animais é composto por estruturas externas e internas. Começando os estudos pelo meio interno, é possível identificar o sistema de ossos denominado de osteologia, que é a parte da anatomia que vai auxiliar na sustentação, na conformação, na homeostase mineral, na remodelação, na movimentação e na hematopoese corporal. Segundo Fradson, Wilke e Fails (2005), todos os animais compartilham de um plano corpóreo básico com muitas semelhanças e diferenças para adaptações do estilo de vida específica.

A osteologia compreende o estudo dos ossos e seus anexos, formando o esqueleto que pode ser dividido em esqueleto axial, apendicular e visceral. No esqueleto axial, você pode observar os ossos da cabeça, do pescoço e do tronco (tórax, abdome e pelve), estruturas estas observadas na Figura 3. Ainda há presença do esqueleto apendicular com os ossos membros torácicos e pélvicos, presentes na Figura 4, e o esqueleto visceral em que há o crescimento de tecido ósseo em vísceras.

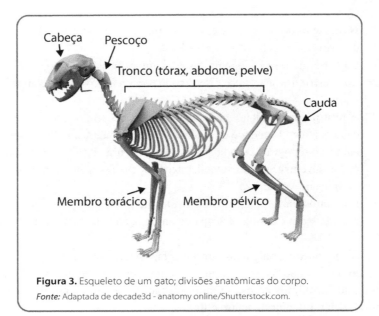

Figura 3. Esqueleto de um gato; divisões anatômicas do corpo.
Fonte: Adaptada de decade3d - anatomy online/Shutterstock.com.

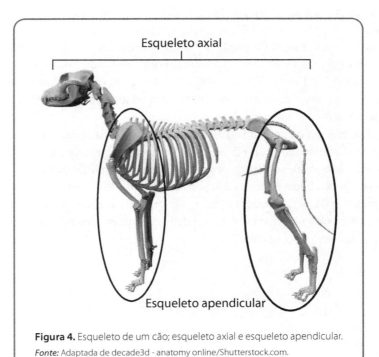

Figura 4. Esqueleto de um cão; esqueleto axial e esqueleto apendicular.
Fonte: Adaptada de decade3d - anatomy online/Shutterstock.com.

Na Figura 4 você pode observar que, anatomicamente, os ossos têm várias formas. Podem ser longos, curtos, planos, irregulares e até apresentarem escavações, sendo denominados de pneumáticos. Eles ainda apresentam elevações, reentrâncias, saliências, cristas, sulcos, protuberâncias e eminências, todos estes chamados de acidentes ósseos, que vão dar origem, meio para inserção de tendões, ligamentos ou mesmo alojar músculos. Essas estruturas serão melhores conceituadas e estudadas em outro momento.

É importante destacar que cada estrutura óssea de cada espécie vai apresentar uma conformação diferente, dando um formato para cada animal (Figura 5), tendo uma terminologia adequada e já predefinida, com pré-conceitos já estipulados por uma comissão internacional de anatomistas. Então a grande maioria dos termos anatômicos já foi identificada e descrita para o estudo dos animais. Isso não quer dizer que futuros termos não podem ser aplicados. Com as pesquisas e os estudos, a terminologia pode ser adequada e até alterada, se assim for justificável.

Fique atento

A observação prévia de todas as estruturas ósseas se torna muito interessante no auxílio ao estudo. A denominação de cada estrutura leva em conta onde cada estrutura está localizada, qual a finalidade dela, se está relacionada com outras estruturas, se é fixa ou móvel, dentre outros fatores.

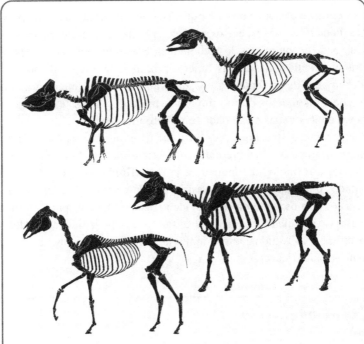

Figura 5. Esqueleto de diferentes espécies de animais domésticos.
Fonte: zelena/Shutterstock.com.

Referências

ELLENPORT, C. R. Introdução geral. *In*: GETTY, R. *Sisson/Grossman anatomia dos animais domésticos*. 5. ed. Rio de Janeiro: Guanabara Koogan, 1986. v. 1, cap. 1.

FRANDSON, R. D.; WILKE, W. L.; FAILS, A. D. *Anatomia e fisiologia dos animais de fazenda*. 6. ed. Rio de Janeiro: Guanabara Koogan, 2005.

GETTY, R. *Sisson/Grossman anatomia dos animais domésticos*. 5. ed. Rio de Janeiro: Guanabara Koogan, 1986. v. 1 e 2.

KÖNIG, H.; LIEBICH, H. G. *Anatomia dos animais domésticos:* texto e atlas colorido. 6. ed. Porto Alegre: Artmed, 2016.

Planos anatômicos e acidentes ósseos

Objetivos de aprendizagem

Ao final deste texto, você deve apresentar os seguintes aprendizados:

- Identificar os planos anatômicos nos animais domésticos.
- Descrever os principais acidentes ósseos nos animais domésticos.
- Comparar os principais acidentes ósseos nas diferentes espécies.

Introdução

O conhecimento anatômico é adquirido mediante um estudo das estruturas corpóreas. Para esse estudo são necessários alguns conhecimentos prévios, tais como: onde a estrutura está localizada, se está posicionada próxima ao crânio (cranial) do animal ou à cauda (caudal), se fica nos membros e qual a posição nesse membro, se está para dentro (face medial) ou para fora (face lateral) e se está próxima à raiz do membro (proximal) ou longe (distal). Existe uma terminologia para auxiliar nesse posicionamento indicando a direção correta de cada estrutura corpórea.

Neste capítulo, você vai estudar como identificar os planos anatômicos que são aplicados aos animais domésticos, para poder identificar com acurácia estruturas anatômicas e seu posicionamento. Ainda, vai conhecer de maneira correta e precisa sua posição e sua direção, assim como identificar os acidentes ósseos e seu local ou sua posição nos ossos.

Planos anatômicos nos animais domésticos

Para conhecer todas as estruturas no corpo dos animais, devemos delimitá-lo dentro de um espaço e marcar nele planos e eixos para facilitar a localização de qualquer estrutura ou parte do corpo dentro desse espaço.

Os planos de delimitação são traçados na superfície externa do corpo do animal mantido na posição anatômica dos animais quadrúpedes, pois muitos termos de direção diferem significativamente entre a anatomia humana e a anatomia dos animais domésticos, por causa da orientação da postura bípede *versus* quadrúpede, segundo Fradson, Wilke e Fails (2005).

Fique atento

A posição anatômica dos animais quadrúpedes é definida por um animal com quatro membros estendidos e firmemente apoiados ao solo, pescoço encurvado para cima, formando um ângulo de cerca de 145° com o dorso, e cabeça mais ou menos ereta num plano horizontal, de modo que as narinas estejam voltadas para frente e os olhos voltados para o horizonte.

Os planos de delimitação dos animais domésticos apresentam a divisão a seguir.

- Dois planos horizontais:
  - um tangente ao dorso do animal — plano dorsal;
  - um tangente ao ventre do animal — plano ventral.
- Quatro planos verticais:
  - dois planos laterais direito e esquerdo — tangentes a cada lado do animal;
  - dois planos verticais tangentes à cabeça — plano cranial e plano caudal.

Os planos de secção — planos que cortam o corpo do animal — são divididos conforme a seguir.

- Planos frontais — planos paralelos de secção ao plano de delimitação dorsal e ventral.
- Planos sagitais — planos paralelos de secção aos planos laterais direito e esquerdo.
- Planos transversais — planos paralelos de secção aos planos cranial e caudal.
- Plano sagital mediano — plano que passa pelo meio do animal, dividindo-o em metades ou antímeros direito e esquerdo.

Pode-se considerar o corpo do animal como sendo atravessado por linhas imaginárias ou eixos. Esses eixos podem ser divididos da forma a seguir.

- Eixo sagital — disposto verticalmente e unindo o centro do plano dorsal ao centro do plano ventral.
- Eixo longitudinal — disposto horizontalmente do centro do plano cranial ao centro do plano caudal.
- Eixo transversal ou laterolateral — disposto horizontalmente unindo entre si os centros dos planos laterais direito e esquerdo.

Termos indicativos de posição e direção

Os termos indicativos de posição e direção são utilizados para facilitar a descrição das diferentes estruturas anatômicas. Por convenção, podem ser citados certos termos que indicam a posição e a direção dessas estruturas, tais como os demonstrados abaixo.

- Lateral e medial — designar as faces de um órgão que estejam voltadas para os planos lateral e sagital mediano.
- Intermédio — designar uma posição intermediária entre um órgão que lhe é lateral e outro que lhe é medial.
- Mediano — designar órgãos que ficam ao nível do plano sagital mediano, como as vértebras da coluna cervical.

Os termos *cranial* e *caudal* se aplicam às faces de uma determinada estrutura ou órgão. Então, a face é cranial quando está voltada para o plano cranial ou está próxima dela, e é caudal quando mais próxima do plano caudal. Duas exceções são importantes de ressaltar: no membro torácico a face sobre a mão é dita como dorsal e a face oposta seria denominada caudal, mas nessa região é dita como palmar. No membro pélvico a face cranial do pé é chamada de dorsal e a face oposta é chamada de plantar.

Os termos *dorsal* e *ventral* estão relacionados com as faces ou os órgãos que estejam voltados próximos dos planos dorsal e ventral. A posição intermediária entre dorsal e ventral é designada como média, não tendo relação com termo *medial*.

As terminologias externa e interna são utilizadas para órgãos cavitários e indicam proximidade do centro de uma estrutura anatômica (FRANDSON; WILKE; FAILS, 2005), na qual suas faces que estejam voltadas para o exterior ou para o interior das cavidades. Os termos *superficial* e *profundo* indicam posições em órgãos ou regiões que estejam mais próximos e mais afastados da superfície considerada.

Com relação aos membros, tanto o torácico quanto o pélvico e, ainda, outros órgãos apendiculares (orelhas, cauda, etc.), são utilizados os termos *proximal* e *distal* para designar a proximidade ou mesmo a distância de uma estrutura com relação à raiz do membro, sendo utilizados, também, para os segmentos e as ramificações de vasos e nervos em relação ao coração e ao sistema nervoso central.

Os termos *axial* e *abaxial* são empregados em espécies que o eixo funcional do membro passa entre os dedos III e IV, como nos ruminantes e suínos. A face do dedo que está voltada para o eixo é chamada axial (entre os dois dedos que tocam o solo) e a face oposta, isto é, afastada do eixo, é denominada abaxial.

O termo *rostral* é utilizado para designar a posição e a direção de estruturas localizadas na cabeça, em substituição ao termo *cranial*, que, neste caso, torna-se inconveniente. Os termos *superior* e *inferior*, que são largamente empregados na anatomia humana, foram mantidos em alguns casos na anatomia veterinária. Por exemplo, temos a designação das pálpebras e dos lábios, que, mesmo nos animais, devem ser designados como superior e inferior.

Portanto, os termos indicativos de posição e direção quanto aos planos e eixos anatômicos vão nortear o estudo anatômico dos animais domésticos em todo o curso, os quais quase todos podem ser vistos na Figura 1.

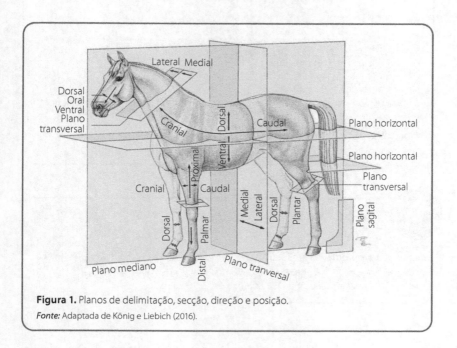

Figura 1. Planos de delimitação, secção, direção e posição.
Fonte: Adaptada de König e Liebich (2016).

Principais acidentes ósseos nos animais domésticos

A osteologia estuda os ossos, as cartilagens e os anexos do sistema esquelético dos animais domésticos. Os esqueletos podem ser observados no esqueleto da Figura 2, ele é dividido em esqueleto axial (ossos da cabeça, do pescoço e do tronco), esqueleto apendicular (ossos dos membros torácicos e pélvicos) e esqueleto visceral (osso do coração bovino e o osso do pênis do cão).

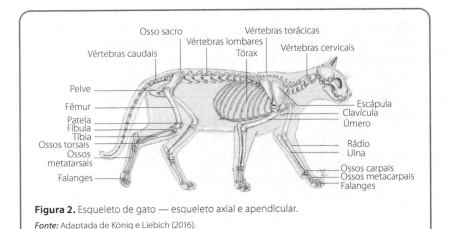

Figura 2. Esqueleto de gato — esqueleto axial e apendicular.
Fonte: Adaptada de König e Liebich (2016).

Saiba mais

O termo **osteologia**, comumente usado, deriva da palavra grega *osteon*, que significa osso, e de *logos*, que se refere a uma determinada parte do conhecimento. O termo latino para osso é ***ossis***, do qual o adjetivo ósseo é derivado.

Os ossos são classificados, quanto à sua forma, em longos, curtos, planos, pneumáticos e irregulares e apresentam em sua superfície áreas irregulares, com saliências, protuberâncias, reentrâncias e depressões. Esses acidentes são melhores visualizados em ossos preparados, dos quais foram removidas as estruturas moles (músculos, cartilagens e ligamentos) que os envolvem. Os acidentes ósseos têm como função servir como ponto de inserção de músculos, tendões e ligamentos, como superfície de articulação com ossos vizinhos ou ainda são impressões deixadas pelo contato com outros órgãos e/ou estruturas próximas.

Os ossos são recobertos por uma membrana conjuntiva, o periósteo, com exceção das superfícies articulares. Ele é constituído por uma camada externa fibrosa e uma camada interna composta de células com capacidade osteogênica.

O endósteo é uma membrana conjuntiva delgada (fina) que reveste a superfície interna da substância compacta, e um osso longo reveste a cavidade ou o canal medular. O periósteo das extremidades das epífises continua com a cápsula articular, o que permite a inserção de tendões. O periósteo recebe abundante inervação sensitiva.

Ossos são órgãos muito vascularizados, recebendo seus vasos por meio da vascularização regional próxima a cada estrutura, que penetram pelo forame nutrício (um orifício que dá passagem a artérias veias, linfáticos e nervos). Os vasos e nervos penetram no osso pelo forame nutrício que se localiza na diáfise, atravessa a substância compacta e se distribui na medula óssea e na própria substância compacta.

Algumas elevações, ou, de modo geral, saliências articulares proeminentes, são denominadas côndilo, cabeça, capítulo, tróclea ou dente. Saliências ósseas que servem para inserção de tendões ou ligamentos recebem diferentes denominações, tais como túber, tubérculo, tuberosidade, maléolo, trocanter, processo e epicôndilo. As saliências lineares são denominadas linha, crista, espinha e promontório. As áreas lisas e planas na superfície óssea, articulares ou não, são conhecidas como asa, tábula, ramo ou lâmina.

As depressões, articulares ou não, partes integrantes ou não de articulações, podem ser denominadas cavidades, fossas, fossetas ou fóveas (FRADSON; WILKE; FAILS, 2005). Os termos que indicam os vários tipos de depressões não articulares encontradas nos ossos são as fissuras, incisuras, sulco, colo, arco e canal. Algumas dessas estruturas são vistas na Figura 3.

Principais acidentes ósseos nas diferentes espécies

A superfície dos ossos apresenta várias áreas irregulares, com saliências e depressões que constituem importantes pontos de referência e assumem relativa importância na prática veterinária, para realização de procedimentos clínicos, diagnósticos e tratamentos com maior acurácia e eficácia. Por isso, saber se um acidente ósseo está cranialmente ou dorsolateralmente, por exemplo, é imprescindível para o sucesso de um exame clínico ou mesmo uma orientação cirúrgica.

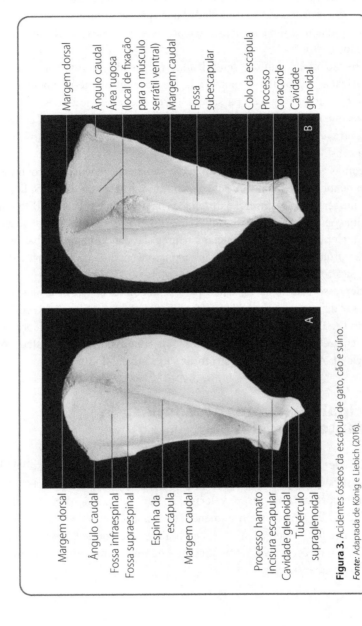

Figura 3. Acidentes ósseos da escápula de gato, cão e suíno.
Fonte: Adaptada de König e Liebich (2016).

Fique atento

Quanto ao posicionamento dos acidentes ósseos, é importante conhecer o sufixo -*mente*, que é formado para originar um advérbio a partir dos termos direcionais denominados anteriormente, indicando movimento "em direção a", como dorsalmente, ventralmente, caudalmente e cranialmente. Isso significa em direção ao dorso, ao ventre, à cauda e à cabeça do animal (FRADSON; WILKE; FAILS, 2005).

Os acidentes ósseos se diferenciam entre os ossos das diferentes espécies, por exemplo, você pode notar que a face lateral do osso escápula apresenta-se levemente triangular com fossa supraespinhal, fossa infraespinhal, espinha da escápula, tubérculo supraglenoide, cavidade glenoide, colo da escápula e cartilagem da escápula (em bovino, equino e suíno ela é mais proeminente), sendo que todas essas estruturas estão presentes em ruminantes (bovinos, caprinos e ovinos), equinos, caninos, felinos e suínos. Já o acrômio está presente no terço distal da espinha da escápula em todas as espécies, menos no equino (DYCE; SACK; WENSING, 2010). A tuberosidade da espinha da escápula bem evidente em suínos, equinos e ruminantes está ausente nos caninos e felinos, como é possível notar na Figura 4.

Você pode notar que os ossos dos animais domésticos têm variações em alguns aspectos, na forma (podem ser mais retilíneos como no felino, curvilíneos como no suíno) e na espessura (sendo mais delgados nos carnívoros ou grossos como no suíno e no ruminante), e, ainda, podem apresentar mais acidentes ósseos (como no equino com relação aos caninos e felinos).

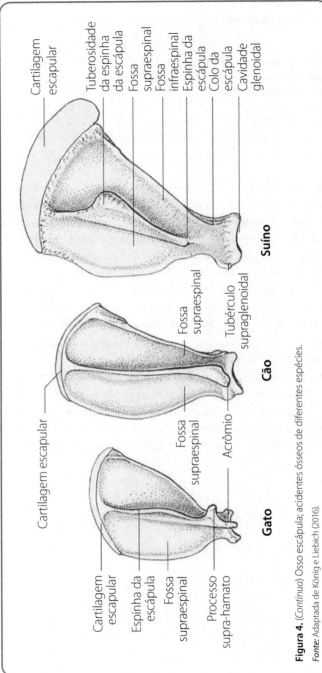

Figura 4. *(Continua)* Osso escápula; acidentes ósseos de diferentes espécies.
Fonte: Adaptada de König e Liebich (2016).

Planos anatômicos e acidentes ósseos | 33

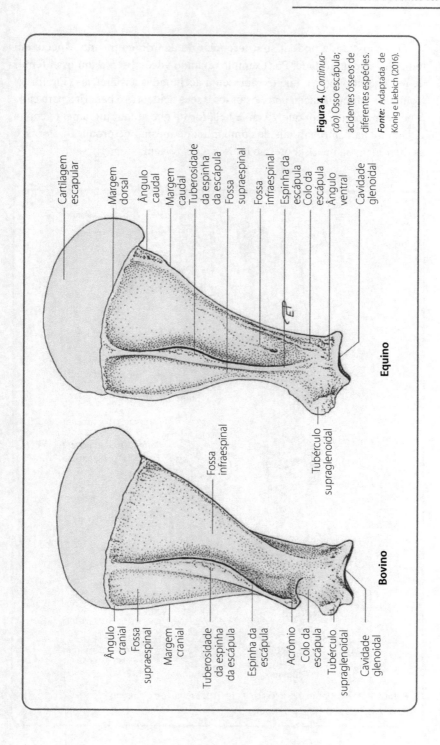

Figura 4. (Continuação) Osso escápula; acidentes ósseos de diferentes espécies. *Fonte:* Adaptada de König e Liebich (2016).

Os ossos ainda podem se diferenciar de acordo com cada espécie em tamanho e regularidade. Por exemplo, quando você observa um osso fêmur de um equino, nota-se que ele apresenta acentuadas assimetrias (Figura 5). Contudo, a diferenciação entre os ossos e seus acidentes é benéfica para cada espécie, pelo meio em que vivem e pela forma que atuam juntamente com a vida humana como animais de companhia ou mesmo de produção. Por isso as diferenças são pertinentes ao meio em que vivem.

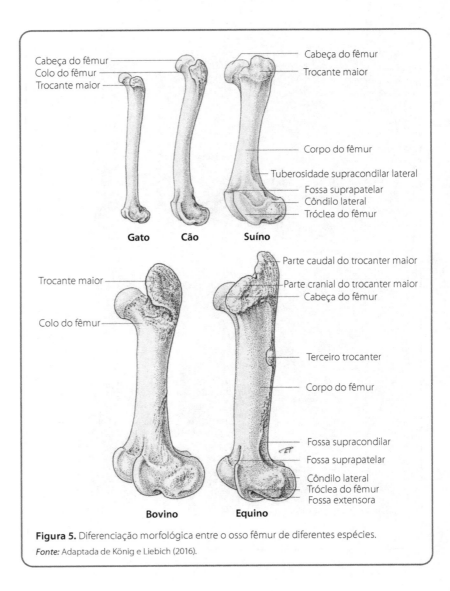

Figura 5. Diferenciação morfológica entre o osso fêmur de diferentes espécies.
Fonte: Adaptada de König e Liebich (2016).

Link

Para complementar seu estudo sobre a osteologia e seus complementos, acesse o *link* a seguir.

https://goo.gl/6GqGaN

Referências

DYCE, K. M.; SACK, W. O.; WENSING, C. J. G. *Tratado de anatomia veterinária*. 2. ed. Rio de Janeiro: Elsevier, 2010.

FRANDSON, R. D.; WILKE, W. L.; FAILS, A. D. *Anatomia e fisiologia dos animais de fazenda*. 6. ed. Rio de Janeiro: Guanabara Koogan, 2005.

KÖNIG, H.; LIEBICH, H. G. *Anatomia dos animais domésticos:* texto e atlas colorido. 6. ed. Porto Alegre: Artmed, 2016.

Leitura recomendada

GETTY, R. *Sisson/Grossman anatomia dos animais domésticos*. 5. ed. Rio de Janeiro: Guanabara Koogan, 1986. v. 1 e 2.

Conhecimento anatômico dos ossos localizados na região da cabeça

Objetivos de aprendizagem

Ao final deste texto, você deve apresentar os seguintes aprendizados:

- Descrever as estruturas ósseas presentes na região da cabeça.
- Demonstrar a localização das estruturas ósseas presentes na região da cabeça.
- Comparar as principais estruturas ósseas nas diferentes espécies.

Introdução

O estudo das estruturas presentes no crânio dos animais domésticos facilita o reconhecimento das estruturas corpóreas. Sempre você deve ter um conhecimento prévio dos termos indicativos de direção e posição para facilitar seu estudo.

Segundo Frandson, Wilke e Fails (2005), o crânio faz parte do esqueleto axial e atua na proteção do encéfalo. Ele acomoda os órgãos do sentido, do aparelho digestório, do sistema respiratório, do sistema nervoso, dentre outros.

Neste capítulo, você vai estudar como identificar as estruturas ósseas presentes na região da cabeça, demonstrando a localização dessas estruturas e comparando as principais estruturas ósseas no crânio das diferentes espécies.

Estruturas ósseas presentes na região da cabeça

O crânio é formado por vários ossos unidos por junturas fibrosas. Essas junturas sofrem a ossificação intramembranosa e o meio de união é do tipo suturas. No adulto, quase todas se ossificam (sinostose). No feto, o crânio tem maior mobilidade em razão de o arcabouço ósseo não estar ainda completamente ossificado. Isso facilita a passagem pela cavidade pélvica durante o parto.

A diferença entre os crânios não é somente evidenciada entre espécies e raças, mas também com relação à mesma raça, ao gênero e à faixa etária. O crânio dos animais domésticos é composto basicamente pelos mesmos ossos (FRANDSON; WILKE; FAILS, 2005).

Fique atento

O termo crânio (*cranium*) é utilizado para exemplificar o crânio por um todo, mas para alguns autores se refere somente à caixa encefálica (envolve e protegem o encéfalo), e não aos ossos faciais. As maiores diferenças observadas entre os ossos estão na parte facial do crânio (FRANDSON; WILKE; FAILS, 2005).

O crânio é composto por vários ossos, na região da face, por exemplo, a maxila, o incisivo, o zigomático, o lacrimal, a mandíbula e o nasal. Esses ossos são identificados na Figura 1.

Os ossos encontrados nas vistas caudal, lateral, ventral e cranial são: o parietal, o occipital, o vômer, os esfenoides, o frontal, o temporal, dentre outros.

Ainda, pode-se ressaltar a presença dos alvéolos nos ossos maxilar e mandibular, em que há a presença da articulação do tipo gonfose, que propicia a união dos dentes com os alvéolos. Os dentes são divididos em incisivos, caninos (Figura 2), pré-molares e molares (Figura 1).

A região da cabeça que merece destaque é o osso hioide, presente na Figura 3, um osso que se encontra entre a cabeça e o pescoço e se articula dorsalmente com o processo estiloide do temporal. Ao hioide estão presas a língua e a laringe.

Conhecimento anatômico dos ossos localizados na região da cabeça | 39

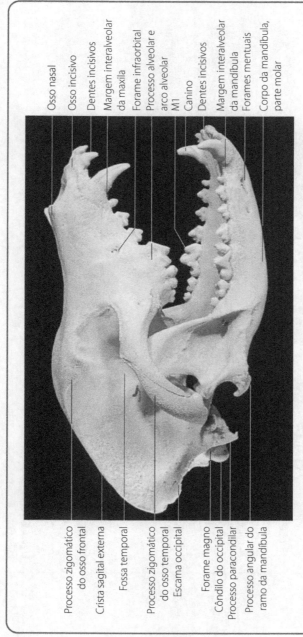

Figura 1. Crânio de cão, vista lateral.
Fonte: Adaptada de König e Liebich (2016).

40 Conhecimento anatômico dos ossos localizados na região da cabeça

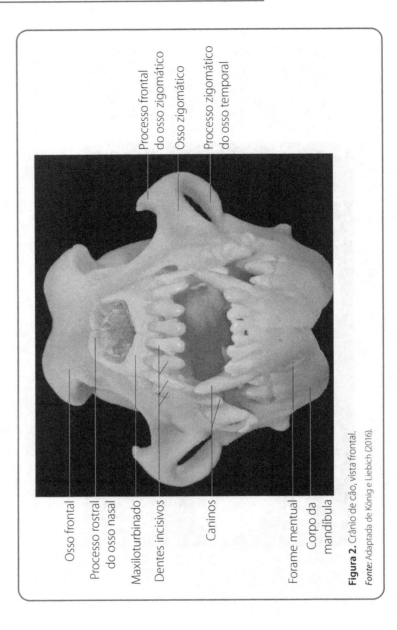

Figura 2. Crânio de cão, vista frontal.
Fonte: Adaptada de König e Liebich (2016).

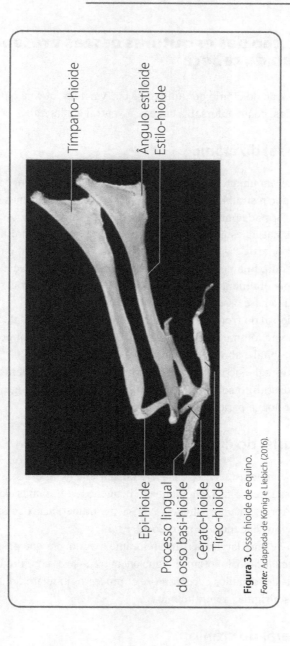

Figura 3. Osso hioide de equino.
Fonte: Adaptada de König e Liebich (2016).

Localização das estruturas ósseas presentes na região da cabeça

Para observação do crânio dos animais, você vai notar que há quatro vistas a serem notadas, como a dorsal, a caudal, a ventral e a lateral.

Vista dorsal do crânio

Pode-se observar uma forma aproximadamente triangular, com o vértice dirigido em sentido rostral. Essa forma é mais acentuada nos pequenos ruminantes. Essa face é formada por dois pares de ossos nasais e frontais.

Os ossos nasais estão unidos aos ossos maxilar e lacrimal lateralmente e caudalmente articula-se com o osso frontal. O osso frontal é o maior dos ossos do crânio. Sua conformação varia de acordo com a raça, a idade e o sexo. Caudolateralmente a cada osso frontal projeta-se o processo cornual, que constitui a base óssea do corno (chifre).

A face dorsal do frontal é percorrida pelo sulco supraorbital, que termina caudalmente no forame supraorbital. Este continua no interior do osso como canal supraorbital e abre na parede dorsal da órbita óssea.

O osso frontal é oco e a cavidade formada entre as suas lâminas externa e interna constitui o seio frontal, como exemplificado na Figura 4. O seio frontal se prolonga para dentro do processo cornual.

Vista caudal do crânio

Esta vista é compotas pelos ossos occipital, parietal, temporais e frontais. Em bovinos, essa face é plana, enquanto em pequenos ruminantes ela é alongada e convexa. Apresenta uma saliência rugosa, a protuberância occipital externa, que nos bovinos encontra-se no osso parietal.

Observa-se uma larga abertura, o forame magno, em que passa a medula espinhal. A cada lado do forame magno encontram-se os côndilos do occipital. Lateralmente aos côndilos encontram-se os processos jugulares, duas saliências pontiagudas dirigidas ventralmente.

Vista lateral do crânio

Nesta face estão presentes os ossos da face, da órbita e da parede lateral da cavidade craniana. A face é formada por maxila (osso maxilar), incisivo, zigomático, lacrimal, mandíbula e nasal.

Conhecimento anatômico dos ossos localizados na região da cabeça | 43

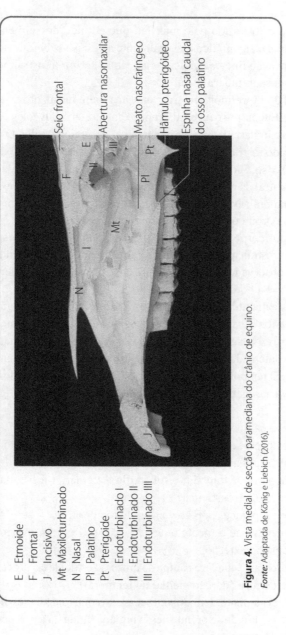

E   Etmoide
F   Frontal
J   Incisivo
Mt Maxiloturbinado
N   Nasal
Pl Palatino
Pt Pterigóide
I   Endoturbinado I
II Endoturbinado II
III Endoturbinado III

Figura 4. Vista medial de secção paramediana do crânio de equino.
Fonte: Adaptada de König e Liebich (2016).

Iniciaremos o estudo pelo maxilar, que é unido dorsalmente aos ossos nasal, lacrimal e zigomático e rostralmente ao incisivo. Na sua porção média, tem uma elevação linear, a crista facial, a qual termina rostralmente em uma saliência rugosa, o túbero facial.

Ao nível do 1º pré-molar rostralmente ao túbero facial, observa-se o forame infraorbital. Encontra-se na borda ventral da maxila os alvéolos para os dentes pré-molares e molares e por dentro encontra-se o seio maxilar. O osso incisivo está localizado rostralmente à maxila e forma a base óssea do extremo rostral do palato. O osso zigomático situa-se caudodorsalmente à maxila, sendo parte da parede ventral da órbita óssea. Apresenta dois processos: processo frontal e processo temporal. O osso lacrimal está entre os ossos nasal e frontal. Faz parte da parede da órbita óssea, com um orifício, o forame lacrimal. A mandíbula é formada por corpo, ângulo e ramo. O corpo da mandíbula está rostral, na extremidade rostral apresenta alguns forames mentuais dependendo da espécie, e ainda são observados os alvéolos para os dentes da arcada inferior. O trecho sem alvéolos é a borda interalveolar.

O ramo da mandíbula projeta-se dorsalmente a partir do ângulo. No ramo, são observados dois processos, processo coronoide, na frente, e processo condilar, atrás. Na superfície medial há o forame da mandíbula.

A parede lateral da cavidade craniana é formada pelos ossos temporal, parietal e frontal. O temporal apresenta três divisões, as partes escamosa, timpânica e petrosa. Várias estruturas dessa região estão presentes nas Figuras 5 e 6.

- Parte escamosa (porção dorsal do temporal):
    - destaca-se a fossa temporal, o processo zigomático do temporal e o tubérculo articular;
    - encontra-se também o tubérculo articular, a fossa mandibular e o forame retroarticular.
- Parte timpânica (porção ventral do temporal):
    - encontra-se o meato acústico externo, a bula timpânica e o poro acústico externo;
    - observa-se, ainda, a bainha do processo estiloide e o processo muscular.
- Parte petrosa (porção medial do temporal):
    - externamente, tem dois processos, o mastoide e o estiloide;
    - o osso hioide se prende nessa região. Ainda há a presença do forame estilomastóideo.

Os ossos parietal e frontal formam a metade dorsal da parede da fossa temporal.

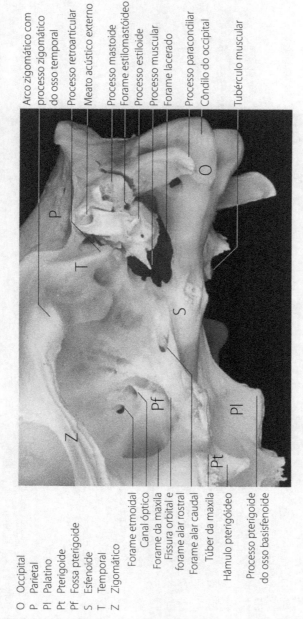

Figura 5. Vista ventrolateral do crânio de equino.
Fonte: Adaptada de König e Liebich (2016).

Conhecimento anatômico dos ossos localizados na região da cabeça

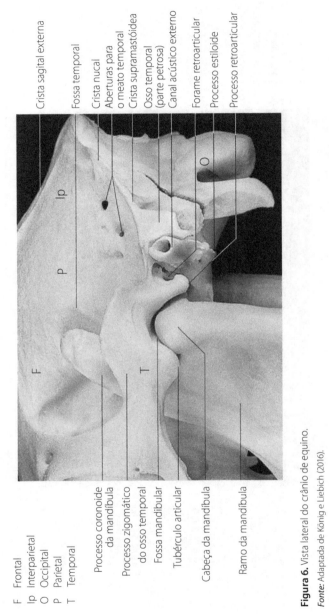

Figura 6. Vista lateral do crânio de equino.
Fonte: Adaptada de König e Liebich (2016).

F — Frontal
Ip — Interparietal
O — Occipital
P — Parietal
T — Temporal

Processo coronoide da mandíbula
Processo zigomático do osso temporal
Fossa mandibular
Tubérculo articular
Cabeça da mandíbula
Ramo da mandíbula

Crista sagital externa
Fossa temporal
Crista nucal
Aberturas para o meato temporal
Crista supramastóidea
Osso temporal (parte petrosa)
Canal acústico externo
Forame retroarticular
Processo estiloide
Processo retroarticular

Vista ventral do crânio

Suas divisões são duas porções, a rostral e a caudal.
Na rostral:

- destaca o palato ósseo, os dentes, os corpos dos ossos, a fissura interincisiva, o ducto incisivo, os processos palatinos dos incisivos e a maxila de cada lado;
- outras estruturas são observadas, como os processos palatinos das maxilas e os forames palatinos.

Na caudal:

- encontram-se a fossa pterigopalatina (com três forames, o esfenopalatino, o maxilar e o palatino caudal) e os ossos (parte basilar do occipital, basiesfenoide e pré-esfenoide);
- podem ser observados os tubérculos musculares, o forame oval, a fissura petro-occipital e o forame jugular;
- no assoalho da cavidade craniana são formados os ossos basiesfenoide e pré-esfenoide e ainda é encontrado o vômer, que participa da formação do septo nasal.

Saiba mais

O termo *crânio* é caracterizado por um mosaico de muitos ossos, estando pareados em sua maioria. Em animais jovens, os ossos ainda estão separados por estreitas faixas de tecido fibroso (cartilagem e fibrocartilagem, por exemplo), e essas junturas, suturas ou articulações padrões permitem o crescimento do animal.

Principais estruturas ósseas nas diferentes espécies

O conhecimento da nomenclatura, das posições e das extensões aproximadas de cada osso é essencial para estabelecer uma referência das regiões da cabeça. O conhecimento detalhado das estruturas desarticuladas é importante na prática veterinária (DYCE; SACK; WENSING, 2010).

As principais espécies de animais domésticos que você vai estudar são os ruminantes (bovino, caprinos e ovinos), os equinos, os carnívoros (caninos e felinos) e os suínos. Esses animais podem revelar importantes diferenças nas estruturas anatômicas, agora estudadas, com relação ao crânio.

O crânio de um bovino com relação ao do equino, do canino ou do suíno é notoriamente diferente com relação à forma, ao tamanho, à presença ou à ausência de estruturas, etc. Essas diferenças anatômicas podem ser observadas visualmente, sem auxílio de nenhum aparelho, como na Figura 7.

Crânio de bovino (Figura 7):

- curto e amplo;
- forma piramidal;
- mandíbula é menor, mais estreita e mais frágil do que a do equino;
- forame mental com uma abertura;
- crista facial na maxila do bovino tem um formato de "S";
- ausência de dentes incisivos e caninos superiores;
- presença de pulvino dental, o que auxilia na maceração do alimento.

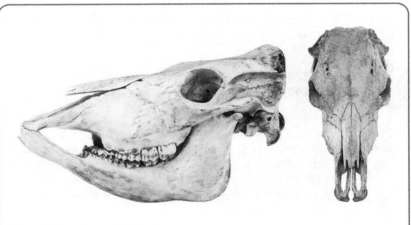

Figura 7. Vista de um crânio bovino.
Fonte: Adaptada de Wallenrock/Shutterstock.com; Alastair Wallace/Shutterstock.com.

Crânio de equino (Figura 8):

- mandíbula é maciça com ângulo relativamente pequeno;
- forame mentual com uma abertura;
- crista facial é bem proeminente;
- forame infraorital fica na esxtremidade rostral da crista facial;
- segundo Dyce, Sack e Wensing (2010), uma profunda incisura, a nasoincisiva, separa o osso nasal (que é pontiagudo) do osso incisivo; encontram-se também grandes e salientes os processos paracondilares e, ainda, a protuberância occipital externa é bem desenvolvida.

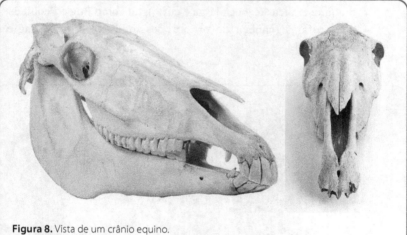

Figura 8. Vista de um crânio equino.
Fonte: Adaptada de Wallenrock/Shutterstock.com; Luis Molinero/Shutterstock.com.

Crânio de canino (Figura 9):

- mandíbula arredondada;
- forame mentual está no meio da face lateral, ventral ao primeiro molar;
- crista facial é menos proeminente em caninos (FRANDSON; WILKE; FAILS, 2005);
- arcos zigomáticos são muito salientes, as metades da mandíbula não se fundem, mesmo em animais idosos, e na sínfise mandibular um pequeno grau de movimentação é permitido (DYCE; SACK; WENSING, 2010);
- raças podem ser agrupadas em:
    - dolicocéfalas (cabeça longa e estreita), por exemplo o Border collie e Wolfhoound irlândes;
    - braquiocéfalicas (cabeça larga e curta), tal como Pug e Pequinês;
    - mesocéfalas (cabeça de proporções médias), como Beagle e Dachshund.

Figura 9. Vista de um crânio canino.
Fonte: Adaptada de Satirus/Shutterstock.com; Ann Baker/Shutterstock.com.

Crânio de suíno (Figura 10):

- mandíbula apresenta o corpo maior do que do bovino e do equino;
- forame mentual está no meio da face lateral, ventral ao primeiro molar;
- crista facial distinta que termina na fossa canina;
- presença do osso rostral que é exclusivo de suínos, localizado na porção mais rostral da cartilagem do septo nasal.

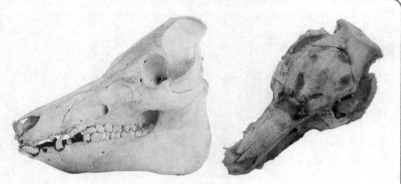

Figura 10. Vista de um crânio suíno.
Fonte: Adaptada de Wallenrock/Shutterstock.com; khunkorn/Shutterstock.com.

Fique atento

Quando se fala em descrições convencionais, estas são baseadas nas vistas obtidas de diversas direções, então, com relação ao crânio em repouso das vistas sobre uma superfície plana — embora essa posição não demonstre a orientação natural em vida, o posicionamento no corpo do animal. De modo geral, podem ser observadas duas partes distintas do crânio, que são imediatamente aparentes: a parte caudal, que contém o encéfalo, e a parte rostral, que sustenta a face.

Link

No *link* a seguir, você pode complementar seu estudo com uma leitura sobre os ossos do crânio do cachorro-do-mato (*Cerdocyon thous*), identificando cada estrutura ali presente e podendo comparar com as espécies já estudadas:

https://goo.gl/b9GKzx

Referências

DYCE, K. M.; SACK, W. O.; WENSING, C. J. G. *Tratado de anatomia veterinária*. 2. ed. Rio de Janeiro: Elsevier, 2010.

FRANDSON, R. D.; WILKE, W. L.; FAILS, A. D. *Anatomia e fisiologia dos animais de fazenda*. 6. ed. Rio de Janeiro: Guanabara Koogan, 2005.

KÖNIG, H.; LIEBICH, H. G. *Anatomia dos animais domésticos:* texto e atlas colorido. 6. ed. Porto Alegre: Artmed, 2016.

Leitura recomendada

GETTY, R. *Sisson/Grossman anatomia dos animais domésticos*. 5. ed. Rio de Janeiro: Guanabara Koogan, 1986. v. 1 e 2.

Identificação dos acidentes ósseos presentes na região da cabeça

Objetivos de aprendizagem

Ao final deste texto, você deve apresentar os seguintes aprendizados:

- Localizar os acidentes ósseos presentes na região da cabeça.
- Demonstrar a localização dos acidentes ósseos presentes na região da cabeça.
- Comparar os principais acidentes ósseos da região da cabeça nas diferentes espécies.

Introdução

A região da cabeça compreende o crânio, que é uma reunião de muitos ossos, sendo a maioria pareada, mas alguns medianos ou ainda não pareados. Eles são unidos para formar uma estrutura firme e compacta. Todas as estruturas ósseas, quando separada, recebem nomes individualizados.

Segundo Dyce, Sack e Wensing (2010), a divisão dos ossos do crânio se dá em ossos occipital, interparietal, basiesfenoide, pré-esfenoide e pterigoide e ossículos da orelha média, temporal, parietal, frontal, etmoide e vômer. Ainda em termos de cartilagem, é importante ressaltar as cartilagens da orelha.

Na região da face, estão localizados os ossos nasais, maxilar, lacrimal, incisivo, palatino, zigomático, mandibular e hioide. As conchas nasais, por sua vez, não são consideradas ossos, mas sim tecidos fibrocartilaginosos que vão se ossificar, não esquecendo das cartilagens da laringe (DYCE; SACK; WENSING, 2010).

Neste capítulo, você vai estudar como identificar os acidentes ósseos presentes na região da cabeça, demonstrando a localização de cada acidente, comparando os principais acidentes ósseos na região da cabeça nas diferentes espécies.

Acidentes ósseos presentes na região da cabeça

Os ossos do crânio que envolvem o encéfalo, as meninges e os vasos sanguíneos são denominados de neurocrânios. Os crânios dos animais apresentam vários tipos de acidentes ósseos com várias localizações. A diferenciação entre esses acidentes não é apenas entre espécies e raças, mas também entre indivíduos de mesma raça, gênero e idade, sendo que os mamíferos têm os mesmos ossos no crânio (FRANDSON; WILKE; FAILS, 2005).

Fique atento

O assoalho do crânio é composto pelo osso esfenoide, com sua parte basilar do osso occipital, e pelos ossos ímpares basiesfenoide e pré-esfenoide. A parede nucal ou a região da nuca (também conhecida como face ou vista caudal do crânio) é composta pela parte escamosa osso occipital.

Você vai estudar o crânio e todas as estruturas que o compõem por meio das vistas dorsal, caudal, rostral, ventral e lateral. Essas vistas possibilitam a divisão do crânio, o que dará melhor visão anatômica sobre cada parte.

Os ossos do crânio apresentam acidentes ósseos que facilitam a fixação de músculos e anexos. Eles podem ser notados em qualquer vista do crânio, tal como na lateral pode-se citar a crista facial (Figuras 1 e 2).

No plano ventral podem ser destacados os processos paracondilares, que propiciam fixação aos músculos específicos da cabeça, que podem ser observados nas Figuras 1 e 2. Numa visão dorsal, é evidente a presença de forames e sulcos supraorbitais e do processo cornual, como é possível ver na Figura 3. Na vista caudal, o acidente ósseo mais visível é a crista nucal facilmente observável na Figura 4.

Identificação dos acidentes ósseos presentes na região da cabeça 55

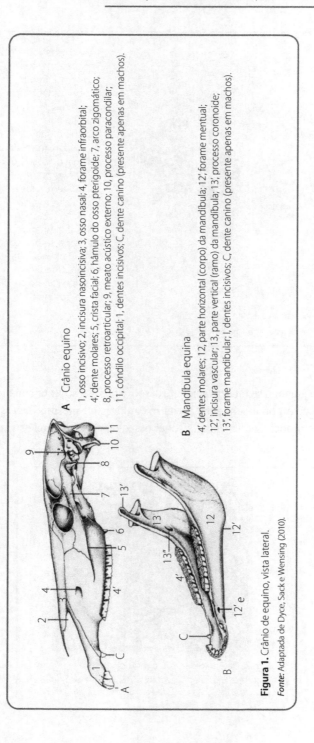

A Crânio equino

1, osso incisivo; 2, incisura nasoincisiva; 3, osso nasal; 4, forame infraorbital; 4', dente molares; 5, crista facial; 6, hâmulo do osso pterigoide; 7, arco zigomático; 8, processo retroarticular; 9, meato acústico externo; 10, processo paracondilar; 11, côndilo occipital; I, dentes incisivos; C, dente canino (presente apenas em machos).

B Mandíbula equina

4', dentes molares; 12, parte horizontal (corpo) da mandíbula; 12', forame mentual; 12", incisura vascular; 13, parte vertical (ramo) da mandíbula; 13', processo coronoide; 13", forame mandibular; I, dentes incisivos; C, dente canino (presente apenas em machos).

Figura 1. Crânio de equino, vista lateral.
Fonte: Adaptada de Dyce, Sack e Wensing (2010).

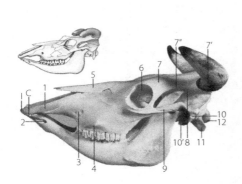

1 Osso incisivo;
2 forame mentual;
3 forame infraorbital;
4 tuberosidade facial;
5 osso nasal;
6 órbita;
7 osso frontal;
7' corno ao redor do processo cornual do osso frontal;
7" linha temporal;
8 fossa temporal;
9 arco zigomático;
10 meato acústico externo;
10' bula timpânica;
11 processo paracondilar;
12 côndilo occipital;
I dentes incisivos;
C dente canino, incorpoado à fileira dos incisivos.

Figura 2. Crânio de bovino, vista lateral.
Fonte: Adaptada de Dyce, Sack e Wensing (2010).

Então, quando se fala em acidente ósseo, é preciso se ter em mente que pode tratar-se de alguma saliência, áreas irregulares ou mesmo depressões. Eles podem estar localizados em quaisquer ossos ou parte de uma estrutura óssea.

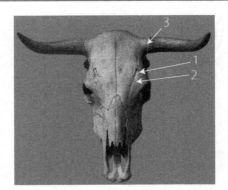

Figura 3. Crânio de bovino, vista dorsal. (1) Forame supraorbital. (2) Sulco supraorbital. (3) Processo cornual.
Fonte: Adaptada de Marafona/Shutterstock.com.

Os acidentes ósseos podem ser caracterizados por saliências articulares proeminentes, saliências ósseas que se prestam à inserção de tendões ou, ainda, saliências lineares. Áreas lisas e planas na superfície óssea (articulares ou não), depressões (articulares ou não), fissuras, incisuras, sulco, forame, colo, arco e canal são terminologias indicativas de vários tipos de depressões não articulares identificáveis nos ossos.

Saiba mais

No crânio, as paredes laterais do osso occipital são compostas pelos ossos temporais que se apresentam em pares. O teto do crânio é composto pelos ossos frontais e parietais, que são ossos pares, e pelo interparietal, que é ímpar. Ainda, pode-se observar que a parede nasal é composta por um osso ímpar o etmoide (KÖNIG; LIEBICH, 2016).

Localização dos acidentes ósseos presentes na região da cabeça

Nos ossos do crânio, os acidentes ósseos têm várias localizações e podem ser vistos em todas as vistas. A seguir, você verá em quais ossos os principais acidentes ósseos estão localizados.

- **Occipital**: forame magno, forame jugular (na parte basilar), côndilos, crista nucal, protuberância occipital (para inserção do ligamento nucal), processos paracondilares, fossa condilar ventral e protuberância occipital interna. Estas estruturas (algumas) são vistas nas Figuras 4 e 5.

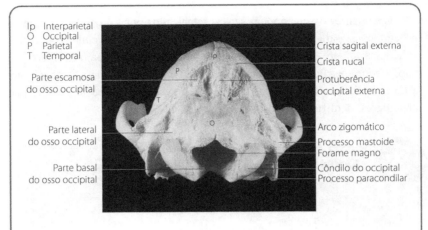

Figura 4. Vista medial de secção paramediana do crânio de equino.
Fonte: Adaptada de König e Liebich (2016).

- **Esfenoide/pré-esfenoide**: fossa craniana rostral, seios esfenoidais e canal óptico.
- **Basiesfenoide**: fossa craniana média, sela turca, fossa hipofisária, cavidade orbital, fossas piriformes, processos pterigoides, canal alar e forame alar rostral.
- **Temporal**: processo zigomático, tubérculo articular, fossa mandibular, processo retroarticular, processo occipital, processo retrotimpânico, meato acústico externo, forame retroarticular, meato temporal, poro acústico, meato acústico interno, processo mastoide, processo estiloide, forame estilomastóideo, bula timpânica, linha temporal e fossa temporal (Figura 5), meato acústico externo e processo muscular.
- **Frontal**: processo zigomático, linha temporal, crista sagital, órbita (forame etmoidal) e fossa temporal.
- **Interparietal**: tentório cerebelar ósseo.
- **Etmoide**: lâmina externa, lâmina cribriforme, diversos forames, crista etmoidal e fossas do etmoide.
- **Nasal**: crista etmoidal, processos rostrais e incisura nasoincisiva.

Identificação dos acidentes ósseos presentes na região da cabeça

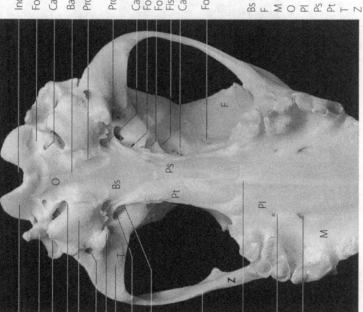

Figura 5. Vista medial de secção paramediana do crânio de equino.
Fonte: Adaptada de König e Liebich (2016).

- **Lacrimal**: bula lacrimal, canal lacrimal e forame lacrimal (Figura 6).

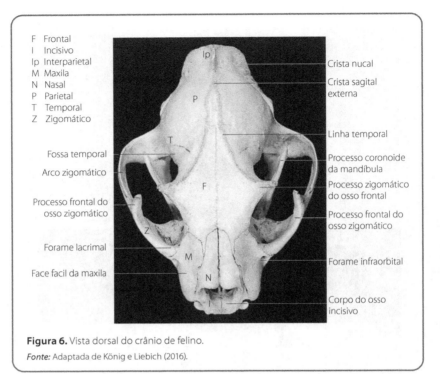

Figura 6. Vista dorsal do crânio de felino.
Fonte: Adaptada de König e Liebich (2016).

- **Zigomático**: arco zigomático, processo temporal do osso zigomático, processo frontal do osso zigomático, crista facial e seios paranasais.
- **Maxila**: seio maxilar, crista facial, túber da face, forame infraorbital, forame da maxila (esfenopalatino e palatino caudal), fossa pterigopalatina, processo alveolar, margem alveolar, processo palatino fissura palatina e forame palatino maior.
- **Incisivo**: processos nasal e palatino e margem interalveolar.
- **Palatino**: lâmina horizontal, crista nasal e seio palatino.
- **Vômer**: sulco septal.
- **Pterigoide**: hâmulo pterigoideo.
- **Mandíbula** (Figura 7): margem alveolar, diastema, canal mandibular, forame da mandíbula, forame mental, fossa massetérica, fossa pterigódea, processo condilar, processo cornoide e incisura da mandíbula.
- **Hioide**: processo lingual.

Identificação dos acidentes ósseos presentes na região da cabeça

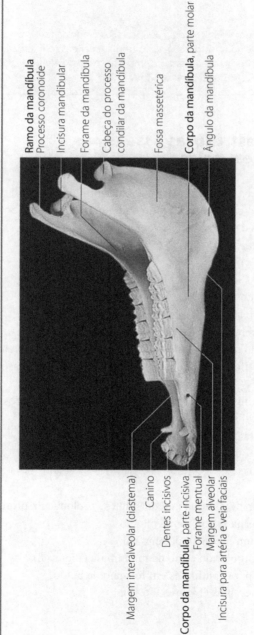

Figura 7. Vista lateral da mandíbula de equino.
Fonte: Adaptada de König e Liebich (2016).

Saiba mais

No crânio, as paredes laterais do osso occipital são compostas pelos ossos temporais. O teto do crânio é composto pelos ossos frontais, parietais e interparietal. Ainda é possível observar que a parede nasal é composta pelo osso etmoide, pelo osso nasal e pelas conchas nasais que preenchem toda cavidade nasal.

Principais estruturas ósseas nas diferentes espécies

Os acidentes ósseos podem se diferenciar nas principais espécies dos animais domésticos, como carnívoros (canino e felino), ruminantes (bovino, ovino e caprino), equinos e suínos.

Nos ruminantes:

- crista nucal se restringe à linha nucal saliente;
- apresenta um plano nucal;
- processos para condilares são mais curtos;
- forame lacerado não existe;
- presença do processo cornual do osso frontal, que sustenta os cornos;
- forame estilomastóideo está situado entre os processos estiloide e mastoide;
- processo muscular se prolonga das paredes mediorrostrais da bula timpânica;
- crista sagital externa é insignificante.

Nos carnívoros:

- crista occipital externa mal definida se prolonga da protuberância occipital externa até o forame magno;
- apresenta um processo do tentório;
- processo angular do ramo da mandíbula (Figura 8);
- processos para condilares em formato de botão;
- forames mentuais (Figuras 9 e 10);

- forame lacerado não existe;
- seio maxilar dos carnívoros é recesso maxilar;
- não dotados de tubérculo articular, eles apresentam um processo retroarticular particularmente bem desenvolvido;
- faces rostral e medial da parte petrosa são separadas pela crista petrosa;
- processo estiloide está ausente;
- hioideo se articula com o processo mastoide da parte petrosa;
- no gato, a cavidade timpânica se divide em duas partes e a parede média é formada pelo precursor cartilaginoso de uma parte endotimpânica separada;
- margem supraorbital superior é formada por ligamento e esse ligamento costuma ser ossificado no gato.

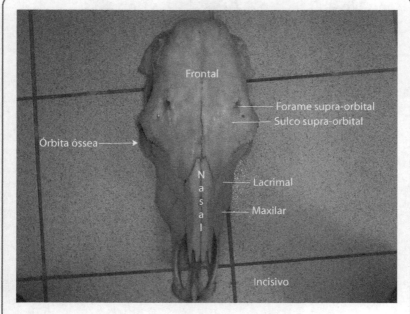

Figura 8. Crânio de bovino, vista dorsal.
Fonte: Adaptada de SOS Medicina Veterinária ([2011?]).

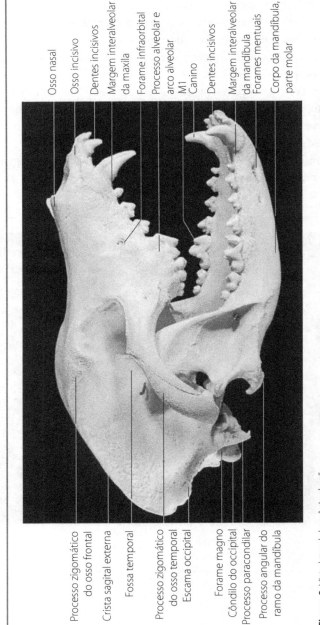

Figura 9. Vista lateral do crânio de cão.
Fonte: Adaptada de König e Liebich (2016).

Identificação dos acidentes ósseos presentes na região da cabeça | 65

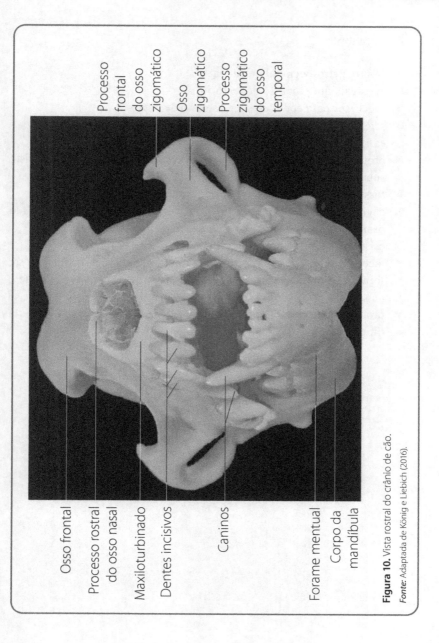

Figura 10. Vista rostral do crânio de cão.
Fonte: Adaptada de König e Liebich (2016).

Nos equinos:

- fissura petro-occipital profunda;
- apresenta um processo do tentório;
- processos para condilares em formato de botão;
- seio frontal grande;
- canal interincisivo (Figuras 11 e 12);
- protuberância occipital externa continua lateralmente como a crista supramastóidea;
- fossa temporal apresenta um perfil semicircular;
- cavidade orbital composta dos ossos frontal, lacrimal e zigomático, do basiesfenoide e do processo zigomático do osso temporal;
- crista facial muito proeminente (Figura 10);
- faces rostral e medial da parte petrosa são separadas pela crista petrosa;
- forame estilomastóideo está situado entre os processos estiloide e mastoide;
- processo muscular se prolonga das paredes mediorrostrais da bula timpânica.

Identificação dos acidentes ósseos presentes na região da cabeça

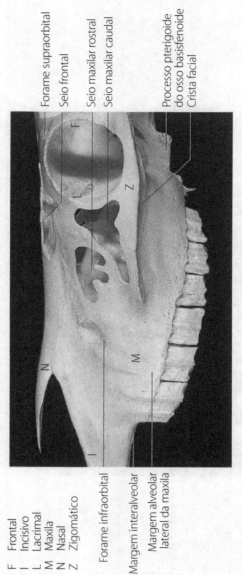

F Frontal
I Incisivo
L Lacrimal
M Maxila
N Nasal
Z Zigomático

Forame supraorbital
Seio frontal
Seio maxilar rostral
Seio maxilar caudal
Processo pterigoide do osso basisfenoide
Crista facial

Forame infraorbital
Margem interalveolar
Margem alveolar lateral da maxila

Figura 11. Vista lateral do crânio de equino.
Fonte: Adaptada de König e Liebich (2016).

Identificação dos acidentes ósseos presentes na região da cabeça

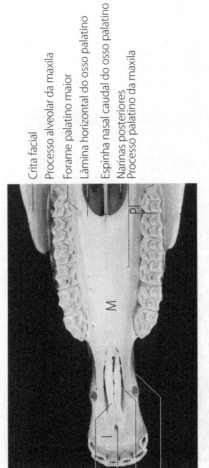

I Incisivo
M Maxila
Pl Palatino

Processo palatino do osso incisivo
Canal interincisivo
Fissura palatina
Margem interalveolar ou diastema

Crita facial
Processo alveolar da maxila
Forame palatino maior
Lâmina horizontal do osso palatino
Espinha nasal caudal do osso palatino
Narinas posteriores
Processo palatino da maxila

Figura 12. Vista ventral do crânio de equino.
Fonte: Adaptada de König e Liebich (2016).

Nos suínos:

- fissura petro-occipital profunda;
- processos para condilares são alongados;
- processo estiloide está ausente;
- forame estilomastóideo está situado entre os processos estiloide e mastoide;
- crista sagital interna mediana no osso parietal, a qual é acompanhada pelo sulco do seio sagital dorsal;
- processo frontal do osso zigomático (Figuras 13 e 14) se une ao processo zigomático do osso frontal (Figura 12) por meio do ligamento orbital para completar a parede orbital.

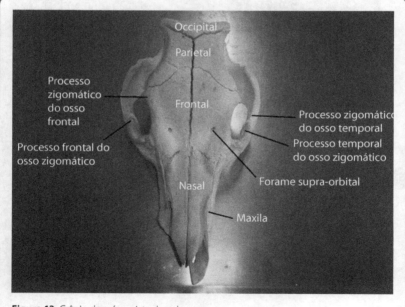

Figura 13. Crânio de suíno, vista dorsal.
Fonte: Adaptada de SOS Medicina Veterinária ([2011?]).

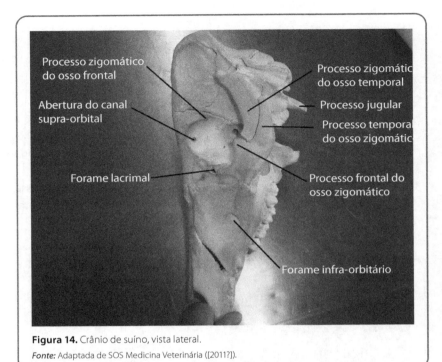

Figura 14. Crânio de suíno, vista lateral.
Fonte: Adaptada de SOS Medicina Veterinária ([2011?]).

Link

No *link* a seguir, você pode complementar seu estudo com uma leitura sobre os ossos do crânio de várias espécies, identificando cada estrutura ali presente.

https://goo.gl/wxc3k2

Referências

DYCE, K. M.; SACK, W. O.; WENSING, C. J. G. *Tratado de anatomia veterinária*. 2. ed. Rio de Janeiro: Elsevier, 2010.

FRANDSON, R. D.; WILKE, W. L.; FAILS, A. D. *Anatomia e fisiologia dos animais de fazenda*. 6. ed. Rio de Janeiro: Guanabara Koogan, 2005.

KÖNIG, H.; LIEBICH, H. G. *Anatomia dos animais domésticos:* texto e atlas colorido. 6. ed. Porto Alegre: Artmed, 2016.

SOS MEDICINA VETERINÁRIA. *Anatomia II - Cranio - Ruminante, suíno, carnívoro e equino*. Brasil, [2011?]. Disponível em: http://sosvet.blogspot.com/2011/03/anatomia-ii-cranio-
-ruminante-suino.html. Acesso em: 24 mar. 2019.

Leitura recomendada

GETTY, R. *Sisson/Grossman anatomia dos animais doméstico*s. 5. ed. Rio de Janeiro: Guanabara Koogan, 1986. v. 1 e 2.

Conhecimento anatômico da coluna vertebral, das costelas e do esterno

Objetivos de aprendizagem

Ao final deste texto, você deve apresentar os seguintes aprendizados:

- Identificar as características anatômicas da coluna vertebral, das costelas e do esterno.
- Demonstrar as estruturas anatômicas da coluna vertebral, das costelas e do esterno.
- Dominar a terminologia anatômica referente à coluna vertebral, às costelas e ao esterno.

Introdução

As palavras *acima*, *atrás* e *embaixo*, comumente utilizadas, não são termos que podem ser empregados para designar posições e direções anatômicas de um quadrúpede. Todo o corpo é sustentado por uma estrutura denominada de coluna vertebral, que tem vários termos anatômicos para designar cada segmento ósseo.

A coluna vertebral faz parte do esqueleto axial. Ela se estende desde o crânio à extremidade final da cauda. A coluna é composta por um grande número de ossos distintos, denominados de vértebras. As vértebras são divididas por regiões, a cervical, a torácica, a lombar, a sacral e as caudais, unidas por articulações firmes, mas que permitem certo grau de movimento (DYCE; SACK; WENSING, 2010).

Neste capítulo, você vai identificar as características anatômicas da coluna vertebral, das costelas e do esterno. Observando as estruturas anatômicas dessa região, você será capaz de reconhecer a terminologia anatômica referente aos ossos da coluna vertebral, das costelas e do esterno que compõe a região do esqueleto axial.

Características anatômicas da coluna vertebral, das costelas e do esterno

O esqueleto axial é composto por crânio, coluna vertebral, costelas e esterno. A coluna vertebral tem algumas características anatômicas importantes. A sustentação do eixo do corpo contribui para a manutenção da postura e, algumas vezes, também participa da torção e flexibilidade corporal para auxiliar nas atividades corporais.

A coluna envolve e protege parte do sistema nervoso central, a medula espinhal e as estruturas acessórias contidas no canal central da medula espinhal. Proteger as estruturas desde a região do pescoço, tórax, abdome e pelve é sua função. Ela é formada por um conjunto de ossos irregulares e ímpares. Uma vértebra apresenta várias estruturas importantes, tal como saliências, depressões, forames, dentre outros.

Segundo Dyce, Sack e Wensing (2010), as vértebras apresenta um padrão comum, no qual algumas características são diferenciáveis nas diversas regiões da coluna. A vértebra cervical está localizada na região do pescoço, a vértebra torácica se localiza no dorso, a vértebra lombar fica na região lombar, a vértebra sacral se localiza na região da pelve e, por fim, a vértebra caudal (coccígeas) é localizada na cauda, como se observa na Figura 1. O número de vértebras que compõem tais regiões varia conforme a espécie e, também, embora em extensão muito menor, individualmente.

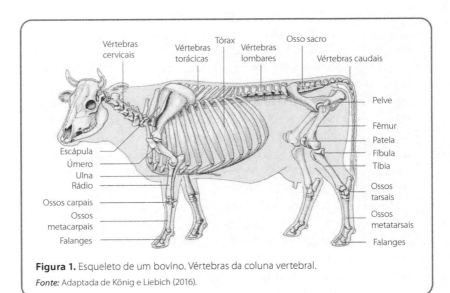

Figura 1. Esqueleto de um bovino. Vértebras da coluna vertebral.
Fonte: Adaptada de König e Liebich (2016).

König e Liebich (2016) relatam que as vértebras têm uma classificação própria. As vértebras da coluna são consideradas ossos curtos e irregulares, com substância esponjosa no centro e substância compacta em sua periferia. Cada uma delas tem um número específico para cada animal, como é demostrado no Quadro 1.

Quadro 1. Número de vértebras presente nos animais domésticos

Vértebras	Carnívoros	Suínos	Bovinos	Pequenos ruminantes	Equinos
Vértebras cervicais	7	7	7	7	7
Vértebras torácicas	12–14	13–16	13–16	13	18
Vértebras lombares	(6) 7	5	6	6	5–7
Vértebras sacrais	3	4	5	(3) 4–5	5
Vértebras caudais	20–23	20–23	18–20	13–14	15–21

Fonte: Adaptado de König e Liebich (2016).

As vértebras têm um corpo maciço, relativamente cilíndrico e achatado. Na maioria das vezes, em sua superfície dorsal apresentam uma crista mediana ventral. A extremidade cranial é convexa e a caudal é côncava. O arco tem dois pedículos verticais nos quais suas bases são chanfradas.

Ainda, no esqueleto axial, podemos observar as costelas e o esterno. As costelas formam o arcabouço ósseo das paredes do tórax. Elas estão dispostas lateralmente na cavidade torácica, em pares, e são intercaladas pelos espaços intercostais que são preenchidos pelos músculos intercostais.

As costelas têm três partes, a dorsal a média e a ventral. A parte dorsal se articula com as vértebras torácicas e a parte ventral apresenta as cartilagens costais que se articulam com o esterno (Figura 2).

Costelas esternais, ou costelas verdadeiras, são as primeiras costelas que vão da primeira até a sétima à nona costela. Elas se articulam diretamente com o osso esterno. As costelas asternais, ou costelas falsas, são as que se prendem indiretamente ao esterno somente por ancoragem das cartilagens costais.

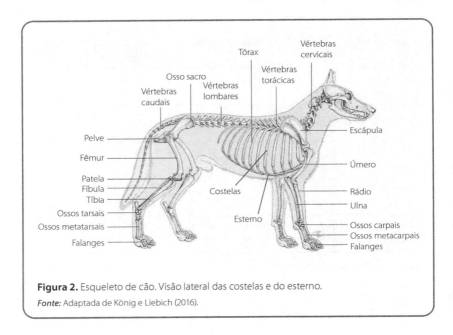

Figura 2. Esqueleto de cão. Visão lateral das costelas e do esterno.
Fonte: Adaptada de König e Liebich (2016).

Outra estrutura que auxilia na conformação da caixa torácica é o esterno (Figura 3). O esterno forma o assoalho do tórax. Esse segmento ósseo é um conjunto de ossos ímpares denominados de esternébras, estruturas vistas na Figura 3.

Estes ossos são unidos por cartilagens interesternais que se ossificação quando os animais se tornam adultos. Segundo Frandson, Wilke e Fails (2005), as esternébras podem variar em número de acordo com a espécie.

Conhecimento anatômico da coluna vertebral, das costelas e do esterno | 77

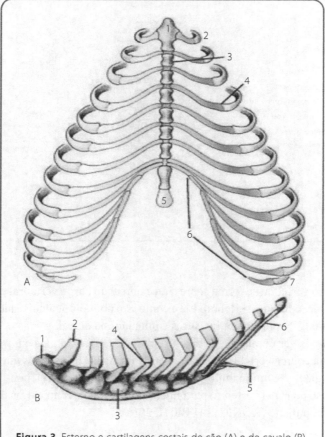

Figura 3. Esterno e cartilagens costais de cão (A) e de cavalo (B). Vistas ventral e lateral esquerda. 1. Manúbrio. 2. Primeira costela. 3. Esternébra. 4. Articulação costocondral. 5. Cartilagem xifoide. 6. Arco costal. 7. Costela flutuante.
Fonte: Adaptada de Dyce, Sack e Wensing (2010).

Estruturas anatômicas da coluna vertebral, das costelas e do esterno

As vértebras da coluna são compostas de corpo, arco e processos, como se observa na Figura 4. O corpo se caracteriza por ser a parte cilíndrica que forma a face ventral e o forame vertebral. As extremidades cranial e caudal são recobertas por uma lâmina de cartilagem hialina. Entre as vértebras, há discos intervertebrais cartilaginosos.

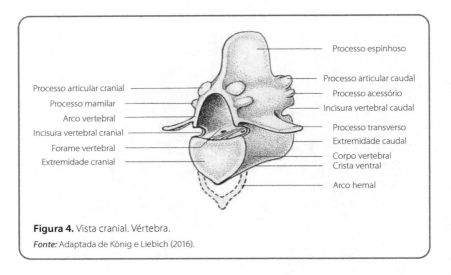

Figura 4. Vista cranial. Vértebra.
Fonte: Adaptada de König e Liebich (2016).

O arco vertebral se forma sobre a face dorsal do corpo vertebral e delimita um forame, o forame vertebral. Ele é composto por dois pedículos laterais que em suas bases apresentam incisuras e uma lâmina dorsal.

Os arcos vertebrais se encaixam sem deixar espaços, mas em três localizações na coluna vertebral há exceções e a formação de espaços interarcuais. Essas regiões são muito importantes para a clínica veterinária, pois permitem um acesso ao canal vertebral para injeções ou para obter amostras do líquido cefalorraquidiano (KÖNIG; LIEBICH, 2016).

Fique atento

König e Liebich (2016) citam que as vértebras apresentam alguns processos:
- um processo espinhoso na linha mediodorsal do arco vertebral;
- quatro processos articulares, nas faces cranial e caudal;
- dois processos transversos, que se projetam lateralmente;
- dois processos mamilares, entre os processos articulares transverso e cranial das vértebras torácicas e lombares;
- processos diferenciados que são encontrados em algumas espécies:
  - dois processos acessórios entre os processos articulares transverso e caudal das últimas vértebras torácicas (carnívoros e suínos) e as vértebras lombares (carnívoros).

As costelas são estruturas ósseas pares que articulam com duas vértebras sucessivas. Quanto à numeração, a costela apresenta a mesma numeração da vértebra caudal. Cada costela é constituída por uma parte dorsal que se articula com a coluna vertebral (Figura 5), uma parte média composta pelo corpo da costela e uma parte ventral com a cartilagem costal.

A parte ventral das costelas têm as cartilagens costais que se articulam diretamente com o esterno. As cartilagens costais das costelas asternais se combinam para formar o arco costal.

Uma costela em especial, a última, tem uma cartilagem costal que não se conecta com sua costela seguinte, então, é denominada de costela flutuante.

A cartilagem costal, presente na região ventral da costela, é bastante flexível no animal jovem, principalmente quando longa e fina, como em espécies caninas. Ela se torna mais rígida com o desenvolvimento da calcificação quando o animal se torna adulto.

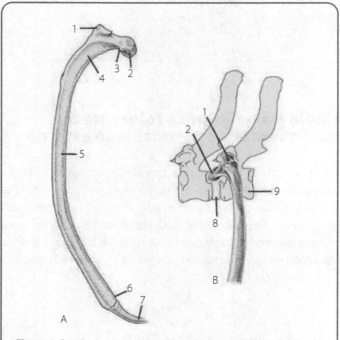

Figura 5. Costela de um cão: A) vista caudal; B) vista lateral. 1. Tubérculo. 2. Cabeça. 3. Pescoço. 4. Ângulo. 5. Corpo. 6. Articulação. 7. Cartilagem costal. 8. Disco intervertebral. 9. Vértebra de mesmo número que a costela.
Fonte: Adaptada de Dyce, Sack e Wensing (2010).

Outra estrutura óssea que compõe o tórax é o osso esterno. O esterno (Figura 6) é subdividido em três estruturas ósseas. A primeira estrutura é o manúbrio, presente na extremidade cranial do esterno, a segundo é o corpo, que é a porção média, e a terceira é a parte caudal, constituída pelo processo xifoide com uma cartilagem acoplada na face caudal do processo (DYCE; SACK; WENSING, 2010). Essa cartilagem recebe um nome bem específico em termos anatômicos, cartilagem xifoide do processo xifoide do osso esterno.

Fique atento

As vértebras torácicas compartilham as seguintes características em comum:
- processos espinhosos bem proeminentes e longos;
- corpos são curtos com suas extremidades relativamente planas;
- processos articulares são bem curtos;
- arcos vertebrais de encaixe muito próximo;
- fóveas costais presentes na face cranial e caudal para a articulação das cabeças das costelas e nos processos transversos para os tubérculos das costelas (KÖNIG; LIEBICH, 2016).

Terminologia anatômica referente à coluna vertebral, às costelas e ao esterno

As vértebras da coluna têm algumas terminologias próprias. Na Figura 7, você pode identificar a primeira vértebra cervical, que se denomina atlas, e a segunda, o áxis. As demais vértebras da região do pescoço são designadas como vértebras cervicais. Na região do tórax, são encontradas as vértebras torácicas. As vértebras lombares estão na região dorsal ao abdome, as sacrais estão no teto da cavidade pélvica e as sacrais ou coccígeas estão na região da cauda.

Conhecimento anatômico da coluna vertebral, das costelas e do esterno

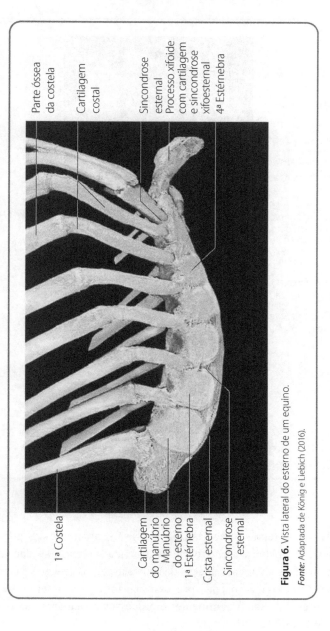

Figura 6. Vista lateral do esterno de um equino.
Fonte: Adaptada de König e Liebich (2016).

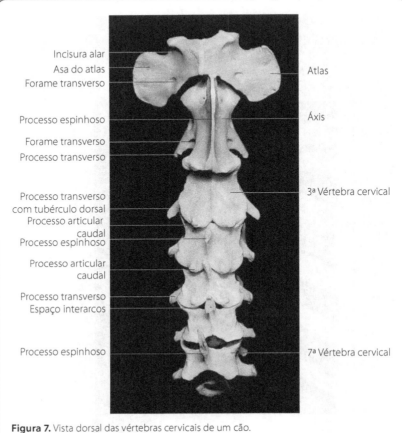

Figura 7. Vista dorsal das vértebras cervicais de um cão.
Fonte: Adaptada de König e Liebich (2016).

Todas as vértebras torácicas (Figura 8) são caracterizadas por terem as mesmas características: corpos curtos, extremidades achatadas, facetas costais nas extremidades, para as cabeças das costelas, e nos processos transversos, para os tubérculos das costelas, processos curtos e grossos, arcos bem justos, processos espinhosos proeminentes e processos articulares baixos (DYCE; SACK; WENSING, 2010).

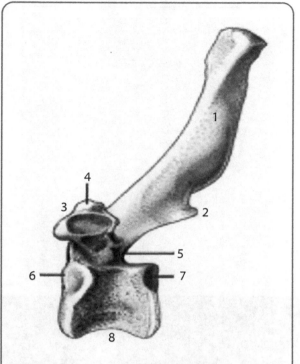

Figura 8. Vista lateral esquerda de uma vértebra torácica de um cão. 1. Processo espinhoso. 2. Processo articular caudal. 3. Processo transverso com fóvea costal. 4. Processo mamilar. 5. Incisura vertebral caudal. 6 e 7. Fóveas costais. 8. Corpo.
Fonte: Adaptada de Dyce, Sack e Wensing (2010).

As vértebras lombares (Figura 9) apresentam corpos mais extensos e uniformes. Apresentam ausência de facetas costais e processo espinhoso curto. Os processos transversos são longos e achatados.

O sacro (Figura 10) é um osso único formado pela fusão de várias vértebras sacrais e discos intervertebrais ossificados. Ele forma uma articulação firme com o cíngulo pélvico. Na transição entre a parte lombar e a parte sacral das vértebras da coluna, é formada uma estrutura denominada de promontório sacral.

As vértebras caudais têm os processos hemais (Figura 11) na face ventral, que formam os arcos hemais ventrais.

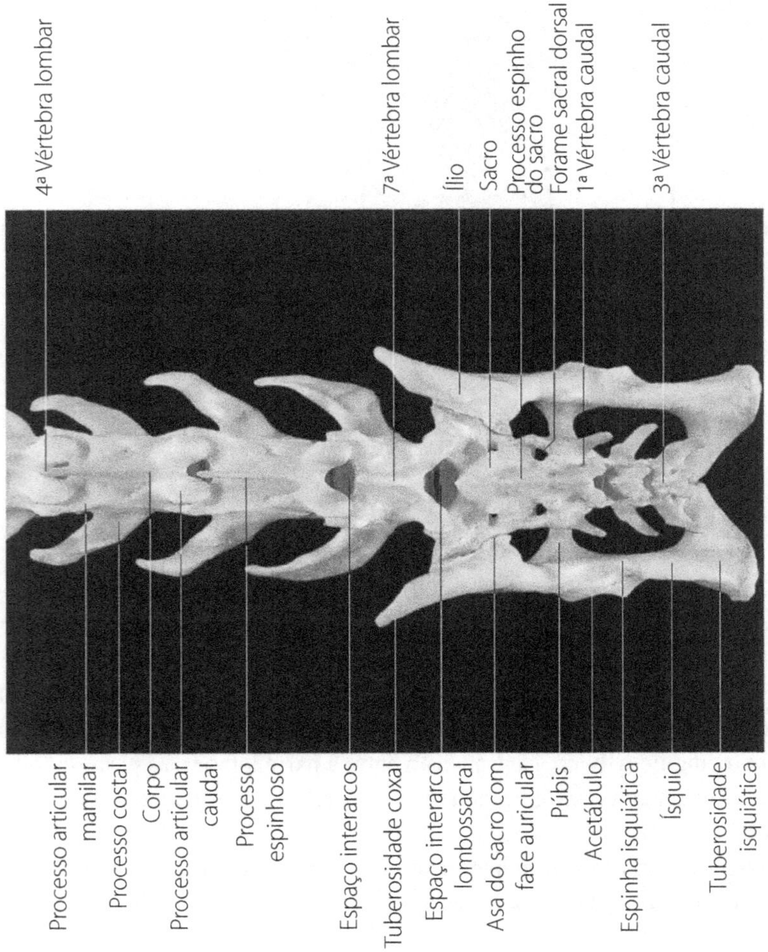

Figura 9. Vista dorsal de vértebras lombares, sacro e pelve de um gato. *Fonte:* Adaptada de König e Liebich (2016).

Conhecimento anatômico da coluna vertebral, das costelas e do esterno   85

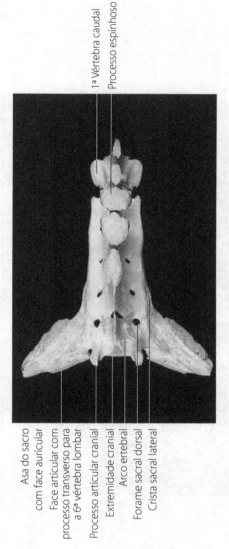

Figura 10. Vista dorsal do sacro de um equino.
Fonte: Adaptada de König e Liebich (2016).

Labels:
- Asa do sacro com face auricular
- Face articular com processo transverso para a 6ª vértebra lombar
- Processo articular cranial
- Extremidade cranial
- Arco ertebral
- Forame sacral dorsal
- Crista sacral lateral
- 1ª Vértebra caudal
- Processo espinhoso

Conhecimento anatômico da coluna vertebral, das costelas e do esterno

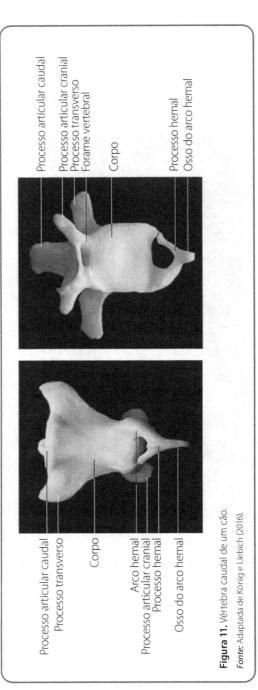

Figura 11. Vértebra caudal de um cão.
Fonte: Adaptada de König e Liebich (2016).

A costela é outra estrutura que compõe parte da caixa torácica presente no esqueleto axial. Em sua extremidade dorsal, ela apresenta uma cabeça com duas facetas separadas pela crista da cabeça da costela. Ao lado da cabeça da costela, há uma saliência lateral, o tubérculo da costela.

O corpo da costela é longo (Figura 12), curvo e lateralmente achatado. Nas suas margens cranial e caudal do corpo, apresentam delimitações bem definidas para fixação dos músculos intercostais que preenchem os espaços entre costelas.

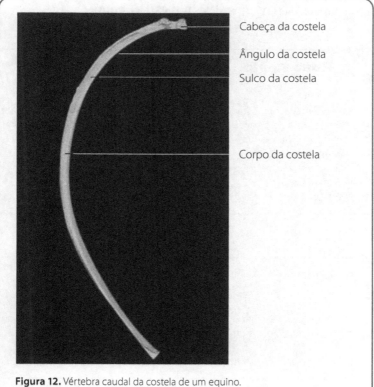

Figura 12. Vértebra caudal da costela de um equino.
Fonte: Adaptada de König e Liebich (2016).

O esterno é responsável por fixar as costelas esternais a partir das cartilagens costais. A parte mais cranial é o manúbrio, que se projeta à frente das primeiras costelas e pode ser palpado na raiz do pescoço. O corpo do esterno é formado pelas esternébras, que são várias.

Em animais jovens, as esternébras são unidas por cartilagem. Já nos adultos, são substituídas por tecido ósseo. O manúbrio apresenta uma forma cilíndrica em cães, grande e chato em ruminantes e apresenta uma quilha ventral em equinos. A parte caudal do esterno é composta de uma cartilagem achatada, chamada xifoide, que se projeta entre as partes mais baixas dos arcos costais. Essa cartilagem sustenta a parte mais cranial do assoalho abdominal e confere fixação à linha alba (DYCE; SACK; WENSING, 2010).

Fique atento

A coluna vertebral é composta de ossos irregulares medianos ímpares denominados de vértebras. Para a designação de cada vértebra são utilizadas letras para orientar a posição em que está presente no corpo (FRANDSON; WILKE; FAILS, 2005):
- C – vértebra cervical;
- T – vértebra torácica;
- L – vértebra lombar;
- S – vértebra sacral.

Link

Com este *link*, você pode complementar seu estudo com uma leitura sobre a osteologia e seus complementos presentes no esqueleto animal.

https://goo.gl/BzwKFa

Referências

DYCE, K. M.; SACK, W. O.; WENSING, C. J. G. *Tratado de anatomia veterinária*. 2. ed. Rio de Janeiro: Elsevier, 2010.

FRANDSON, R. D.; WILKE, W. L.; FAILS, A. D. *Anatomia e fisiologia dos animais de fazenda*. 6. ed. Rio de Janeiro: Guanabara Koogan, 2005.

KÖNIG, H.; LIEBICH, H. G. *Anatomia dos animais domésticos:* texto e atlas colorido. 6. ed. Porto Alegre: Artmed, 2016.

Leitura recomendada

GETTY, R. *Sisson/Grossman anatomia dos animais doméstico*s. 5. ed. Rio de Janeiro: Guanabara Koogan, 1986. v. 1 e 2.

Identificação de ossos e acidentes ósseos: coluna vertebral, costelas e esterno

Objetivos de aprendizagem

Ao final deste texto, você deve apresentar os seguintes aprendizados:

- Descrever os acidentes ósseos presentes na coluna vertebral, nas costelas e no esterno.
- Demonstrar a localização dos acidentes ósseos presentes na coluna vertebral, nas costelas e no esterno.
- Comparar os principais ossos e acidentes ósseos entre as diferentes espécies.

Introdução

A parte óssea que compõe o esqueleto axial é constituída por crânio, coluna vertebral, costelas e esterno. Os ossos da coluna vertebral são estruturas ímpares, medianas e classificadas como irregulares. As costelas são ossos longos que formam o arcabouço da cavidade torácica e conferem uma relativa proteção aos órgãos dessa região e aos órgãos abdominais. O esterno é um osso plano, que compõe o assoalho ou a parede ventral do tórax.

Neste capítulo, você vai identificar os acidentes ósseos presentes na coluna vertebral, nas costelas e no esterno, localizar os principais acidentes ósseos e comparar com diferentes espécies, abrangendo como um todo o estudo dos ossos da coluna vertebral, das costelas e do esterno, que compõem a região do esqueleto axial.

Acidentes ósseos presentes na coluna vertebral, nas costelas e no esterno

As vértebras da coluna apresentam algumas partes que merecem destaque. O corpo da vértebra é uma das partes que confere resistência à coluna vertebral. Ela tem um formato levemente cilíndrico, no qual se prendem outras partes da vértebra. As vértebras são unidas umas às outras por discos intervertebrais. Outra estrutura é a cabeça, que constitui a extremidade cranial do corpo. A extremidade caudal está constituída por uma depressão denominada fossa vertebral. A face dorsal do corpo é plana e forma o assoalho do forame vertebral. A face ventral é lisa e apresenta em quase todas as vértebras a crista ventral, como é observada na Figura 1.

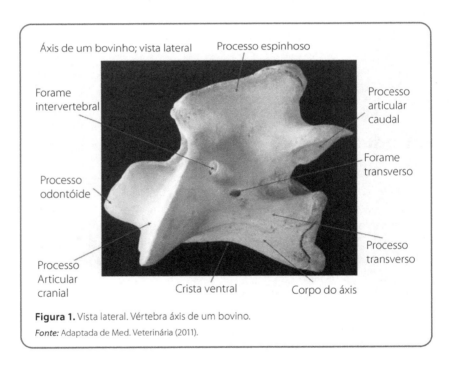

Figura 1. Vista lateral. Vértebra áxis de um bovino.
Fonte: Adaptada de Med. Veterinária (2011).

Dorsalmente ao corpo está o arco, o qual constitui as paredes dorsolaterais do forame vertebral. O arco vertebral é formado de duas metades, constituídas por pedículos e lâmina. O espaço limitado dorsalmente pelos arcos de duas vértebras consecutivas é denominado de espaço interarcual. Segundo König e Liebich (2016), na extremidade cranial do arco dorsal há o tubérculo dorsal, já o tubérculo ventral está na extremidade caudal do arco ventral.

Nas transições atlanto-occipital (Figura 2), lombossacral e sacrococcígea, esses espaços são amplos e de muita importância na clínica veterinária, sendo utilizados para a realização de exames do sistema nervoso, pois possibilitam acesso ao canal vertebral para injeções ou mesmo para obter amostras do líquido cefalorraquidiano (KÖNIG; LIEBICH, 2016).

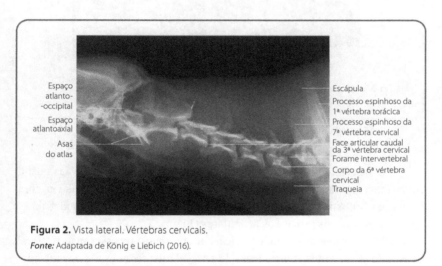

Figura 2. Vista lateral. Vértebras cervicais.
Fonte: Adaptada de König e Liebich (2016).

Dorsalmente no arco vertebral, há a presença do processo espinhoso, que pode variar conforme a região. Lateralmente ao corpo da vértebra, destacam-se os processos transversais. Nas vértebras cervicais, os processos transversais, na maioria dos casos, estão perfurados em sua base pelo forame transversal.

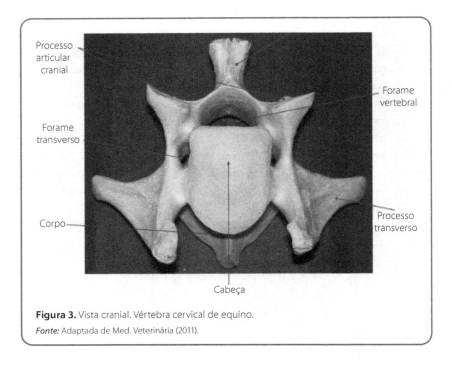

Figura 3. Vista cranial. Vértebra cervical de equino.
Fonte: Adaptada de Med. Veterinária (2011).

Algumas vértebras apresentam superfícies articulares, as fóveas costais transversais, para articulação com as costelas, como é o caso das vértebras torácicas. Na extremidade cranial e caudal do arco vertebral, encontram-se superfícies lisas, os processos articulares (Figura 3).

O atlas é a primeira vértebra cervical que apresenta processos planos laterais às asas do atlas. Ainda sobre a fossa do atlas, alguns forames são encontrados, como os forames alar, vertebral lateral e transversal. Ele ainda apresenta a fóvea do dente para articular com o dente do áxis.

O áxis é a segunda vértebra cervical e apresenta um corpo, uma crista ventral e uma projeção articular, o dente com faces articulares. O áxis é composto por processo espinhoso na face dorsal, processos transversos perfurados pelo forame transverso, presença da incisura vertebral cranial e forame vertebral lateral.

As demais vértebras cervicais apresentam vários desses acidentes ósseos, processo espinhosos, forame transverso, tubérculo dorsal, tubérculo ventral e processos articulares craniais e caudais, sendo vários destes em proporções diferentes.

As vértebra torácicas têm corpos, processos articulares e arcos vertebrais curtos. Os processos espinhosos são longos e os processos transversos e as fóveas costais estão presentes com duas extremidades para articulação das costelas. Há a presença, ainda, dos processos mamilares.

Nas vértebras lombares, encontram-se os processos espinhosos, transversos, articulares e mamilares e os espaços interarcuais lombossacrais.

O osso sacro tem uma base, a asa do sacro. As cristas sacrais presentes são a mediana, a intermédia e a lateral e os forames sacrais dorsais e ventrais são bem evidentes.

Nas vértebras caudais, como estruturas mais importantes é possível ressaltar os processos hemais que formam os arcos hemais.

As costelas apresentam cabeça, colo, tubérculo, corpo e extremidade esternal. O esterno, por sua vez, tem o manúbrio, o corpo e o processo xifoide, vistos na Figura 4.

Localização dos acidentes ósseos presentes na coluna vertebral, nas costelas e no esterno

Atlas

A primeira vértebra cervical é o atlas, vértebra atípica, com ausência de corpo e processo espinhoso. Há a presença de duas massas laterais unidas por dois arcos (dorsal e ventral). O arco dorsal é delgado com um tubérculo dorsal, medianamente. Cranialmente, há uma larga incisura e uma incisura menor em sua extremidade caudal. O arco ventral é espesso e apresenta um tubérculo ventral.

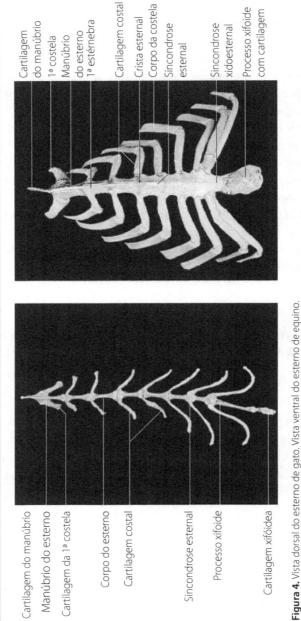

Figura 4. Vista dorsal do esterno de gato. Vista ventral do esterno de equino.
Fonte: Adaptada de König e Liebich (2016).

A face dorsal desse arco forma o assoalho do forame vertebral. Caudalmente, há duas áreas lisas, a fóvea do dente para articulação com o dente do áxis, estrutura observada na Figura 5. Cranialmente a essa fóvea, observa-se uma fossa rugosa, que presta inserção ao ligamento do dente do áxis.

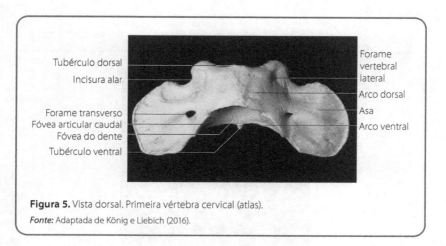

Figura 5. Vista dorsal. Primeira vértebra cervical (atlas).
Fonte: Adaptada de König e Liebich (2016).

O atlas apresenta duas concavidades, cranialmente e caudalmente, sendo as fóveas articulares craniais e caudais, que são planas e lisas. Os processos transversais são representados por duas asas, observadas na Figura 5. Dorsocranialmente à asa, observa-se uma fosseta, que se abre medialmente, sendo o forame vertebral lateral, que dá passagem ao primeiro nervo cervical. Lateralmente a ele, há o forame alar. Ventralmente à asa, tem a fossa do atlas, na qual se abre o forame alar.

Áxis

O áxis é a segunda vértebra cervical (Figura 6), dente, uma projetação que fica cranialmente ao corpo da vértebra e se assemelha a um hemicilindro. A face dorsal do dente é rugosa para a inserção do ligamento do dente. Lateralmente ao dente, há processos articulares craniais. Caudalmente, ele é semelhante à vértebra típica com processos articulares bem desenvolvidos. Há a presença da fossa vertebral para articulação com a cabeça da terceira vértebra cervical. A face ventral apresenta a crista ventral com um tubérculo proeminente na sua extremidade caudal.

No áxis há o processo espinhoso (Figura 6) na face dorsal com um tubérculo rugoso caudalmente. Os processos transversais são pontiagudos. Dirigem-se para trás, para cima e para fora. Há a presença dos forames: vertebral lateral (próximo à borda cranial do pedículo e dá passagem ao segundo nervo cervical) e transversal (ventralmente ao forame vertebral lateral e pode faltar em alguns casos).

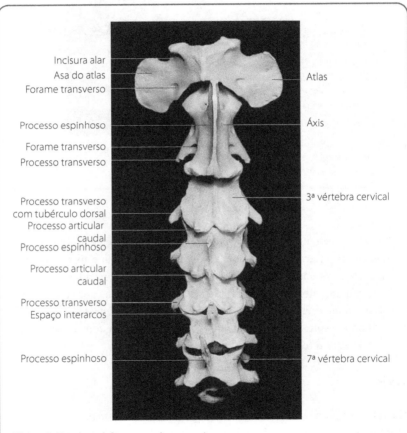

Figura 6. Vista lateral do esterno de um equino.
Fonte: Adaptada de König e Liebich (2016).

Terceira à sétima vértebras cervicais

Da terceira à sétima vértebras cervicais a morfologia é bem semelhante. A terceira, a quarta e a quinta apresentam corpos menores em comprimento no sentido crânio-caudal. A crista ventral é menos cortante, terminando em um tubérculo caudal. Cranialmente, o processo espinhoso é bífido na terceira e na quarta vértebras e pontiagudo na quinta. O processo transversal dirige-se para trás, para o lado e para cima. O processo costal apresenta-se na terceira, quarta e quinta no corpo da vértebra, projetando-se para frente e para baixo.

A sexta vértebra cervical (Figura 6) tem o arco mais largo em razão da intumescência da medula cervical da medula espinhal. O processo espinhoso é pontiagudo e dirigido cranialmente. A sétima vértebra cervical apresenta a fóvea costal para articulação com a cabeça da primeira costela a cada lado do extremo caudal do corpo.

Vértebras torácicas

As vértebras torácicas (Figura 7) têm fóveas costais (para articulação com as costelas) craniais e caudais em suas extremidades. Seu processo espinhoso é muito desenvolvido e dirigido caudalmente. Os da terceira e quarta vértebras são os mais altos. Os processos articulares são reduzidos a facetas articulares. Os processos transversais são curtos e grossos, com uma superfície articular para o tubérculo da costela, a fóvea costal transversal.

Vértebras lombares

As vértebras lombares têm o processo transversal muito desenvolvido, o corpo é longo, arqueado ventralmente e largo nas extremidades. O arco aumenta progressivamente próximo à intumescência lombossacral.

Os processos articulares craniais são tuberosos e suas facetas são côncavas, estando voltadas para o plano mediano. Na face lateral desse processo há o processo mamilar (pequena saliência pontiaguda). O processo mamilar dirige-se craniolateralmente e decresce de tamanho da primeira para a última vértebra. As facetas articulares dos processos articulares caudais são convexas ventralmente e côncavas dorsalmente.

Os processos transversais são voltados levemente para frente, aumentando o comprimento até a quinta vértebra e na sexta ele é menor, espesso, pontiagudo e encurvado cranialmente. O processo espinhoso é laminar e quadrilátero.

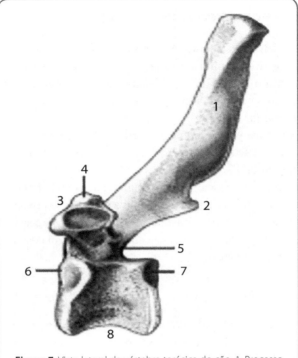

Figura 7. Vista lateral da vértebra torácica do cão. 1. Processo espinhoso. 2. Processo articular caudal. 3. Processo transverso com fóvea costal. 4. Processo mamilar. 5. Incisura vertebral caudal. 6 e 7. Fóveas costais. 8. Corpo.
Fonte: Adaptada de Dyce, Sack e Wensing (2010).

Sacro

O sacro é constituído por vértebras sacrais fundidas. Uma estrutura muito importante se encontra na região da extremidade cranial sacro, o promontório sacral. Ele é composto da face caudal da última vértebra lombar do disco intervertebral e da face cranial da primeira vértebra caudal.

Os processos espinhosos estão fundidos e constituem a crista sacral mediana. A crista sacral intermédia resulta da união dos processos articulares e corre dorsalmente aos forames sacrais dorsais (quatro pares). A crista sacral lateral é constituída pelos processos transversais. A face ventral ou pélvica é lisa.

Vértebras caudais ou coccígeas

As vértebras caudais reduzem processos espinhosos e transversais e, consequentemente, seu tamanho. Das primeiras seis vértebras, o arco é completo; da face ventral, projetam-se os processos hemais, que delimitam o arco hemal (Figura 8).

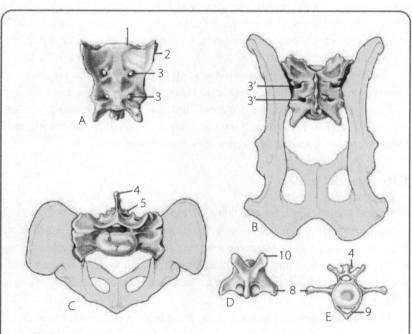

Figura 8. Vista lateral da vértebra torácica do cão. A) Sacro, vista ventral. B) Sacro, vista dorsal. C) Sacro, vista cranial. D) Vértebra caudal, vista dorsal. E) Vértebra caudal, vista cranial. 1. Promontório. 2. Face auricular. 3. Forames sacrais ventrais (3' dorsais) para ramos ventrais (3'dorsais) dos nervos sacrais. 4. Processo espinhoso. 5. Processo articular rudimentar. 6. Canal vertebral. 7. Corpo. 8. Processo transverso. 9. Arco hemal, também denominado chevron. 10. Processo articular cranial.
Fonte: Adaptada de Dyce, Sack e Wensing (2010).

Costelas

As costelas são ossos alongados que se articulam dorsalmente com as vértebras correspondentes e ventralmente com as cartilagens costais. As primeiras costelas unem-se ao esterno por meio de cartilagens costais, as costelas verdadeiras (esternais); as demais são falsas (asternais) porque não se prendem ao esterno.

A cabeça das costelas tem uma face articular convexa. Essa face está dividida por um sulco e articula-se com as fóveas costais caudais e craniais de vértebras adjacentes. Entre o colo e o corpo (maior parte da costela) há uma eminência, o tubérculo da costela, que tem uma faceta para articulação com as fóveas costais.

As cartilagens costais estão unidas à extremidade distal das costelas e, no caso das costelas esternais, ao esterno. Nas costelas asternais, as cartilagens costais terminam em ponta e estão coladas às vizinhas, constituindo o arco costal. As extremidades distais das cartilagens costais das costelas esternais apresentam facetas articulares para articulação com o esterno.

Esterno

O esterno é um osso plano, que constitui a parede óssea ventral do tórax. Ele é constituído pelas esternébras, que são unidas por cartilagens interesternebrais. A parte cranial do esterno apresenta o manúbrio, que é unido às demais esternébras por uma juntura sinovial. Na extremidade cranial do manúbrio apresenta-se arredondada e recoberta pela cartilagem do manúbrio (às vezes ausente).

O corpo do esterno é a maior porção desse osso. A última esternébra constitui o processo xifoide, no qual se prende a cartilagem xifóidea do processo xifoide ao osso esterno. O processo xifoide tem a base unindo-se à última esternébra do corpo. O ápice é dirigido caudalmente e presta-se à inserção da cartilagem xifóidea.

Observe a seguir o Quadro 1.

Quadro 1. Vértebras dos animais

Animal	Cervical	Torácica	Lombar	Sacral	Coccígea
Boi	7	13	6	5	18–20
Cabrito	7	13	7	4	12
Carneiro	7	13	6–7	4	16–24
Cavalo	7	18	6	5	15–20
Porco	7	14–15	6–7	4	20–23
Cão	7	13	7	3	20–22
Gato	7	13	7	3	20–24
Coelho	7	12	7	4	14–16
Homem	7	12	5	5	4

Fonte: Adaptado de Frandson, Wilke e Fails (2005).

Principais ossos e acidentes ósseos

Veja as seguir quais são os principais ossos e acidentes ósseos entre diferentes espécies.

No atlas:

- os ruminantes não têm forame transversal na asa do atlas, ao contrário do que ocorre em outras espécies domésticas;
- o forame transverso é um canal curto que atravessa a parte caudal da asa do atlas e não está presente em ruminantes (KÖNIG; LIEBICH, 2016).

Na áxis:

- o processo espinhoso é alongado e protuberante e se projeta na extremidade cranial e caudal do corpo vertebral em carnívoros e apenas na extremidade caudal no suíno;
- a incisura vertebral cranial está presente em carnívoros e é substituída por um forame vertebral lateral nos outros mamíferos domésticos.

Na sétima vértebra cervical:

- nos bovinos, o processo transversal dessa vértebra assemelha-se ao da sexta vértebra e o processo costal falta;
- nos pequenos ruminantes, o processo transversal projeta-se dorsocaudalmente e o processo costal é pouco desenvolvido. O forame transversal falta em todos os ruminantes.

Vértebras torácicas:

- os espaços interarcuais torácicos nos bovinos não existem, em razão da superposição dos arcos vertebrais. Nos pequenos ruminantes, os dois últimos espaços interarcuais são presentes;
- o corpo das vértebras torácicas é relativamente longo, principalmente nos bovinos;
- o processo espinhoso da última vértebra torácica dos bovinos e da penúltima dos pequenos ruminantes é dirigido verticalmente. Alguns autores dão a essa vértebra o nome de anticlinal. Nos bovinos jovens, as extremidades livres dos processos espinhosos das primeiras vértebras torácicas são cartilaginosas;
- nos bovinos, as incisuras vertebrais caudais são fechadas, constituindo um forame vertebral lateral que dá passagem a uma veia. Os forames intervertebrais dão passagem aos nervos espinhais torácicos.

Vértebras lombares:

- as vértebras lombares são em número de seis, contando-se sete em 50% dos ovinos;
- os processos espinhosos, em carnívoros, apresentam as primeiras quatro ou cinco vértebras lombares progressivamente mais longas. Em bovinos, as vértebras apresentam se inclinando caudalmente, enquanto em pequenos ruminantes elas se orientam perpendicularmente ao eixo longo das vértebras.

Sacro:

- o sacro é constituído por vértebras fundidas, em número de quatro ou cinco nos bovinos e quatro nos ovinos e caprinos;

- no equino, apresenta os processos espinhos separados;
- no bovino, os processos espinhosos são fusionados formando uma crista, a crista sacral mediana.

Vértebras caudais:

- no equino, os processos espinhosos da segunda vértebra caudal são bifurcados e o arco da terceira vértebra caudal já se apresenta incompleto. Desse modo, o canal vertebral é aberto dorsalmente;
- a face ventral de algumas vértebras caudais da primeira à oitava em ruminantes e da quinta à décima quinta em carnívoros apresenta os processos hemais;
- os processos hemais formam arcos hemais ventrais sobre determinadas vértebras caudais da segunda à terceira no bovino e da terceira à oitava em carnívoros.

Costelas:

- as três primeiras costelas dos bovinos são aproximadamente retas, enquanto as restantes são ligeiramente curvas. As costelas dos pequenos ruminantes são, em geral, mais curvas do que as dos bovinos;
- nos ovinos, a décima terceira costela apresenta uma pequena cartilagem costal, que tem sua extremidade distal livre;
- a cabeça e o colo formam com o corpo um ângulo reto, nas primeiras sete costelas dos bovinos e nas três primeiras dos pequenos ruminantes;
- no bovino, a extremidade distal da segunda à décima primeira costela tem uma cavidade articular côncava para a respectiva cartilagem costal.

Esterno:

- nos pequenos ruminantes, essa articulação, em muitos casos, se reduz a uma sincondrose, que pode permanecer mesmo nos indivíduos idosos.
- o manúbrio apresenta uma incisura para articulação com a primeira cartilagem costal. Nos ovinos, essa incisura é dupla.
- cartilagem xifóidea é bastante desenvolvida nos ruminantes.
- o ápice é dirigido caudalmente e presta-se à inserção da cartilagem xifóidea. Esta última é bastante desenvolvida nos ruminantes; é laminar e de forma aproximadamente ovoide.

Fique atento

O osso esterno é formado por sete segmentos ósseos e composto de três partes. A parte mais cranial, o manúbrio, geralmente se projeta à frente das primeiras costelas e pode ser palpada na raiz do pescoço. O manúbrio tem formato de bastão em cães e gatos, mas é lateralmente comprimido em animais de grande porte. O corpo do osso tem cinco esternébras bastante largas e achatadas no sentido dorsoventral. Em animais jovens, as esternébras são unidas por cartilagem, que são substituídas por tecido ósseo. O manúbrio é cilíndrico em cães, grande e chato em ruminantes e apresenta uma quilha ventral em quinos (DYCE; SACK; WENSING, 2010).

Referências

DYCE, K. M.; SACK, W. O.; WENSING, C. J. G. *Tratado de anatomia veterinária*. 2. ed. Rio de Janeiro: Elsevier, 2010.

FRANDSON, R. D.; WILKE, W. L.; FAILS, A. D. *Anatomia e fisiologia dos animais de fazenda*. 6. ed. Rio de Janeiro: Guanabara Koogan, 2005.

KÖNIG, H.; LIEBICH, H. G. *Anatomia dos animais domésticos:* texto e atlas colorido. 6. ed. Porto Alegre: Artmed, 2016.

MED. VETERINÁRIA. *Apresentação coluna vertebral*. Brasil, 2011. Dsiponível em: https://pt.slideshare.net/vet2011/apresentao-coluna-vertebral-7217830. Acesso em: 4 abr. 2019.

Leitura recomendada

GETTY, R. *Sisson/Grossman anatomia dos animais domésticos*. 5. ed. Rio de Janeiro: Guanabara Koogan, 1986. v. 1 e 2.

Estudo do esqueleto apendicular: ossos da região torácica

Objetivos de aprendizagem

Ao final deste texto, você deve apresentar os seguintes aprendizados:

- Identificar as características anatômicas dos ossos localizados na região torácica.
- Descrever as estruturas anatômicas dos ossos localizados na região torácica.
- Reconhecer a terminologia anatômica referente aos ossos localizados na região torácica.

Introdução

Os segmentos dos ossos do membro torácico são compostos pela cintura, ou cíngulo, escapular e pela região do braço, do antebraço e da mão. A cintura escapular é formada por um único osso, que é denominado de escápula. A união entre a parte do tronco e o membro torácico é feita por intermédio de uma articulação chamada de sinsarcose. Essa união se dá por vários músculos.

O braço dos animais tem uma base óssea, composta pelo osso úmero. O antebraço, com sua composição óssea do rádio, e a ulna estão localizados distalmente ao úmero. A mão, seguindo a sequência, engloba os ossos do carpo, do metacarpo e das falanges.

Neste capítulo, você vai identificar as características anatômicas dos ossos localizados no esqueleto apendicular, na região do membro torácico. Você vai identificar as estruturas anatômicas dos ossos localizados no membro torácico. Ainda, vai reconhecer toda a terminologia anatômica referente aos ossos localizados nessa região.

Características anatômicas dos ossos localizados na região torácica

Escápula

A escápula é um osso plano, com a forma triangular, como pode ser observado na Figura 1. Esse osso está preso obliquamente à porção cranial da parede torácica, por meio de vários músculos. Distalmente ela articula-se com o úmero. Localiza-se sobre a parte craniodorsal, lateralmente ao tórax, sendo a base da região do ombro. Na escápula, há a presença de duas faces, as faces lateral e medial, as extremidades distal, média e proximal e, ainda, a borda cranial e caudal.

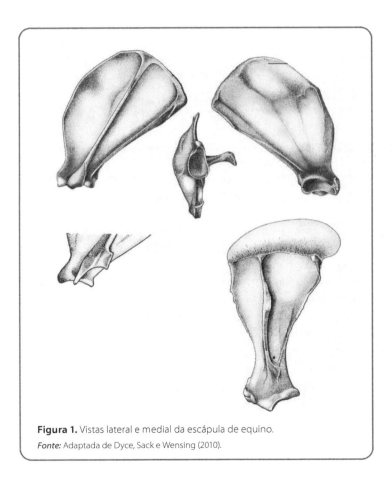

Figura 1. Vistas lateral e medial da escápula de equino.
Fonte: Adaptada de Dyce, Sack e Wensing (2010).

Rádio e ulna

O rádio é o mais volumoso e o mais cranial dos dois ossos do antebraço. Articula-se proximalmente com o úmero, distalmente com o carpo e caudalmente com a ulna. Nos bovinos ele está distalmente oblíquo, de modo que sua extremidade proximal está mais afastada do plano mediano que a distal. O rádio é constituído de cabeça, colo, corpo e tróclea.

A ulna é um osso longo, com sua extremidade proximal mais desenvolvida que o restante. Está situada na direção caudolateral em relação ao rádio, em sua parte proximal, e lateral, na parte distal nos ruminantes (KÖNIG; LIEBICH, 2016).

A seguir, veja a Figura 2.

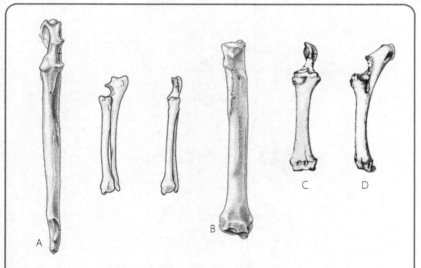

Figura 2. Ulna esquerda (A) e rádio esquerdo (B) de cão. Em sequência, a partir da esquerda: vista cranial da ulna, vistas craniolateral e cranial do rádio e da ulna e vista caudal do rádio isolado. Vistas cranial (C) e lateral (D) do rádio e da ulna esquerdos de equino.
Fonte: Adaptada de Dyce, Sack e Wensing (2010).

Úmero

Segundo Dyce, Sack e Wensing (2010), o úmero forma o esqueleto do braço. Ele que se articula proximalmente com a escápula e distalmente com o rádio e a ulna, que são ossos do antebraço. Ele é composto pelo corpo e por duas extremidades, proximal e distal. É constituído por cabeça, colo, tubérculo maior, tubérculo menor e sulco intertubercular.

O úmero é um osso longo, localizado obliquamente contra a parte ventral do tórax, estando mais no sentido horizontal em espécies de grande porte do que nas de pequeno porte. É também relativamente mais curto e robusto em equinos e bovinos que em pequenos ruminantes e carnívoros.

Veja a Figura 3 a seguir.

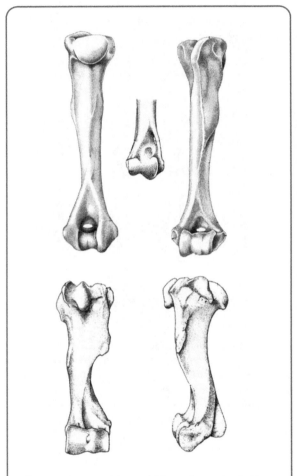

Figura 3. Vistas cranial e caudal de um úmero de cão. Vistas cranial e lateral na extremidade distal do úmero de felino.
Fonte: Adaptada de Dyce, Sack e Wensing (2010).

Carpo

Nos animais domésticos, os ossos do carpo são dispostos em duas fileiras, a proximal e a distal, cada fileira contendo quatro ossos. A fileira proximal se articula com as extremidades ditais do rádio e da ulna. A fileira distal articula-se com a proximal e com os ossos metacarpos III e IV. Observe a Figura 4.

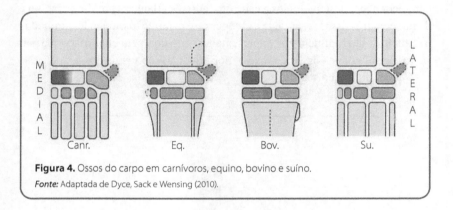

Figura 4. Ossos do carpo em carnívoros, equino, bovino e suíno.
Fonte: Adaptada de Dyce, Sack e Wensing (2010).

Metacarpo

Segundo König e Liebich (2016), o osso metacarpo é constituído por cinco ossos longos, os ossos metacarpais I a V na sequência mediolateral.

Os metacarpos III e IV são ossos longos e apresentam base, corpo e cabeça. Dependendo da espécie, varia o número de metacarpos desenvolvidos. Em ruminantes, os metacarpos III e IV que se fundem na vida fetal. Nos bovinos, o metacarpo II está fundido aos metacarpos III e IV, aparecendo em forma de crista. É pouco constante nos pequenos ruminantes.

Falanges

O esqueleto da mão dos mamíferos é constituído por cinco segmentos, cada um composto de um metacarpo e de falanges proximal, média e distal (DYCE; SACK; WENSING, 2010). Nas espécies domésticas, a diferenciação entre os ossos é visualizada facilmente.

A falange proximal é um osso longo, tendo cavidade medular. A base é mais larga do que a cabeça e com duas facetas côncavas, separadas por um sulco. O corpo apresenta duas faces, dorsal e palmar. A cabeça é formada por uma tróclea, que se articula com a base da falange média. Ela apresenta duas pequenas facetas e um sulco.

Os ruminantes e suínos têm quatro dedos, o equino tem um e os carnívoros têm de quatro a cinco. Em ruminantes e suínos, o terceiro e o quarto são completamente desenvolvidos e cada um tem três falanges (proximal, média e distal) com três ossos sesamoides. O segundo e o quinto, também denominados paradígitos, são rudimentares e apresentam um ou dois pequenos ossos que não se articulam com os ossos da mão e, por isso, não são vistos nos esqueletos.

Veja a Figura 5 a seguir.

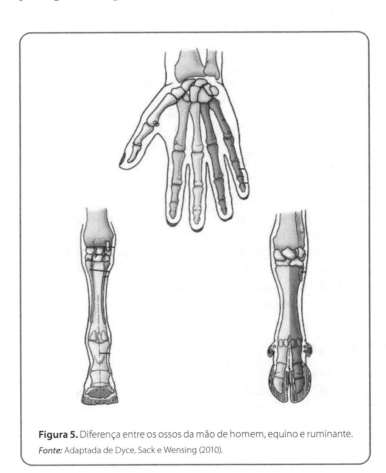

Figura 5. Diferença entre os ossos da mão de homem, equino e ruminante.
Fonte: Adaptada de Dyce, Sack e Wensing (2010).

Ossos sesamoides

Os ossos sesamoides têm estrutura pequena e ovoide e estão relacionados com as faces palmares das articulações metacarpofalângicas. Nos ruminantes domésticos, existem quatro sesamoides proximais, dois para cada dígito. Veja a Figura 6.

Estruturas anatômicas dos ossos localizados na região torácica

Escápula

A escápula é separada por face lateral, face medial e extremidade distal. Veja a seguir como é a estrutura de cada uma dessas partes.

- **Face lateral:** é dividida por uma saliência alongada, a espinha da escápula, que separa em duas a fossas supraespinal (cranialmente) e infraespinal (caudalmente). A espinha da escápula é bastante saliente nos ruminantes. Ela dispõe-se paralelamente ao eixo longitudinal do osso e sua metade proximal é encurvada para trás. Em seu terço médio há uma eminência rugosa denominada túber da espinha e na extremidade distal, o acrômio é saliente e pontiagudo.
- **Face medial:** esta face é ligeiramente côncava e está ancorada ao tórax. A fossa subescapular ocupa quase toda a sua extensão. Dorsalmente há a presença da fossa rugosa e dorsal a essa fossa está a cartilagem da escápula, que apresenta forma de meia-lua.
- **Extremidade distal:** apresenta uma superfície lisa, oval e côncava, a cavidade glenoidal, para articulação com a cabeça do úmero. O tubérculo supraglenoidal é uma saliência rugosa situada cranialmente e um pouco acima da cavidade glenoide. Da porção medial do tubérculo destaca-se o processo coracoide. O forame nutrício está no terço distal da face lateral, próximo à borda caudal.

Veja a seguir a Figura 7.

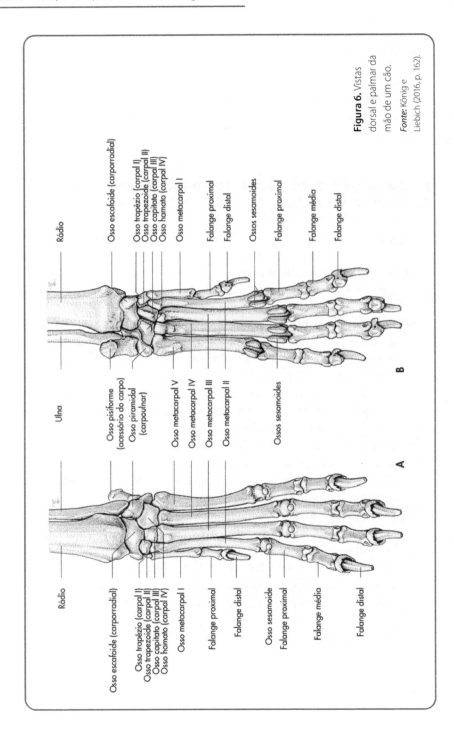

Figura 6. Vistas dorsal e palmar da mão de um cão.
Fonte: König e Liebich (2016, p. 162).

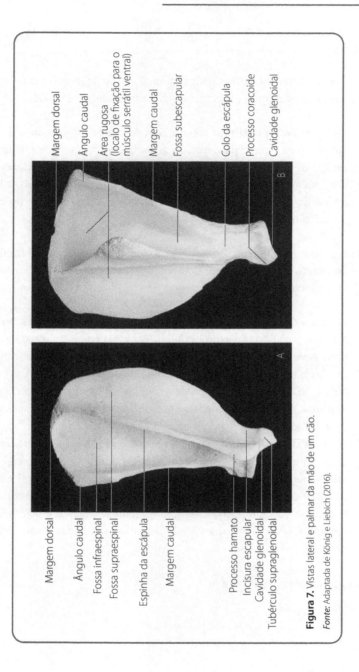

Figura 7. Vistas lateral e palmar da mão de um cão.
Fonte: Adaptada de König e Liebich (2016).

Úmero

O úmero é separado por extremidade proximal, corpo do úmero e extremidade distal. Veja a seguir como é a estrutura de cada uma dessas partes.

- **Extremidade proximal:** cabeça com forma de uma calota achatada, voltada para cima e para trás, se articula com a cavidade glenoide da escápula. Ela está separada dos tubérculos e do sulco intertubercular por uma área rugosa, em bovinos. É o tubérculo maior situado na borda lateral da extremidade proximal do úmero e constitui a parede lateral do sulco intertubercular.

O úmero dos bovinos apresenta abaixo do tubérculo maior uma área circular à face do músculo infraespinhal. O tubérculo menor forma a parede medial do sulco intertubercular.

- **O corpo do úmero:** a face lateral é ocupada por uma depressão larga e lisa, o sulco do músculo braquial. A face medial, no terço médio, é uma área rugosa, irregular, com tuberosidade redonda maior. A face caudal é lisa e ocupada pelo sulco do músculo braquial. A crista do úmero, com a tuberosidade deltoidea, corre distalmente no corpo do úmero no sentido lateromedial e termina na fossa radial. A face cranial é curta, sem acidentes importantes.
- **Extremidade distal:** o capítulo e a tróclea formam a superfície articular da extremidade distal do úmero. O capítulo é estreito e situa-se lateralmente à tróclea. Na face cranial da extremidade distal e acima da tróclea existe a fossa radial. A fossa do olecrano está na face caudal. O forame nutrício está em seu terço médio. Os epicôndilos, lateral e medial, são duas eminências não articulares situadas a cada lado do côndilo.

A seguir, observe a Figura 8.

Estudo do esqueleto apendicular: ossos da região torácica

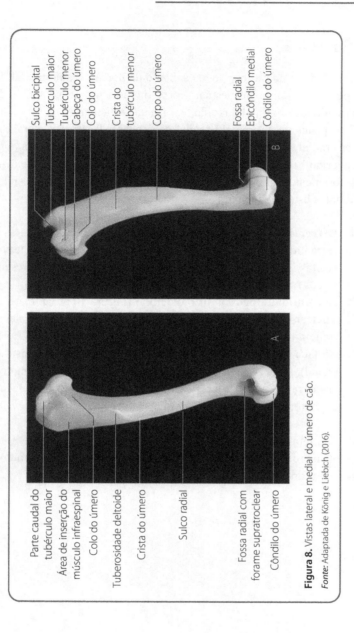

Figura 8. Vistas lateral e medial do úmero de cão.
Fonte: Adaptada de König e Liebich (2016).

Rádio e ulna

A tuberosidade do rádio é pouco saliente na porção craniomedial do colo. Nos pequenos ruminantes, está no corpo do rádio um pouco abaixo do colo. A extremidade proximal do rádio tem facetas articulares.

O corpo tem faces cranial e caudal, separadas pelas bordas lateral e medial. A face cranial é lisa e plana. A face caudal, no bovino, percorrida por sulcos está aderida à ulna. Há, ainda, os espaços interósseos, proximal e distal.

O forame nutrício situa-se ao nível da borda lateral, no espaço interósseo proximal, e está voltado para a extremidade distal.

- **Extremidade distal (tróclea do rádio):** porção lateral é fundida à extremidade distal da ulna. A face articular cárpica da tróclea tem três facetas. A face cranial da tróclea, ligeiramente rugosa, apresenta dois sulcos rasos limitados por três cristas.
- **Extremidade proximal:** o olecrano (Figura 10 adiante), a incisura troclear e a incisura radial fazem parte desta região. O olecrano se projeta para cima e para trás, com um túber, o túber do olecrano. Na face cranial, há a incisura troclear (proximal) e a incisura radial (distal). A incisura troclear articula-se com a tróclea do úmero e a incisura radial tem três facetas articulares em contato com a face caudal da extremidade proximal do rádio.

A ulna tem o corpo alongado (Figura 9 a seguir) e fundido ao rádio e apresenta o processo estiloide, que se projeta distalmente, articulando-se com o osso ulnar do carpo.

Estudo do esqueleto apendicular: ossos da região torácica | 119

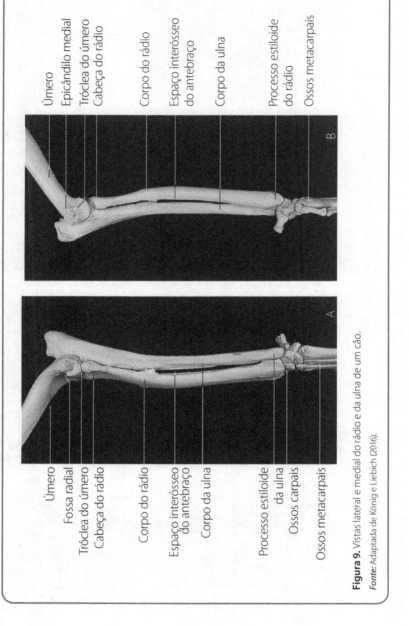

Figura 9. Vistas lateral e medial do rádio e da ulna de um cão.
Fonte: Adaptada de König e Liebich (2016).

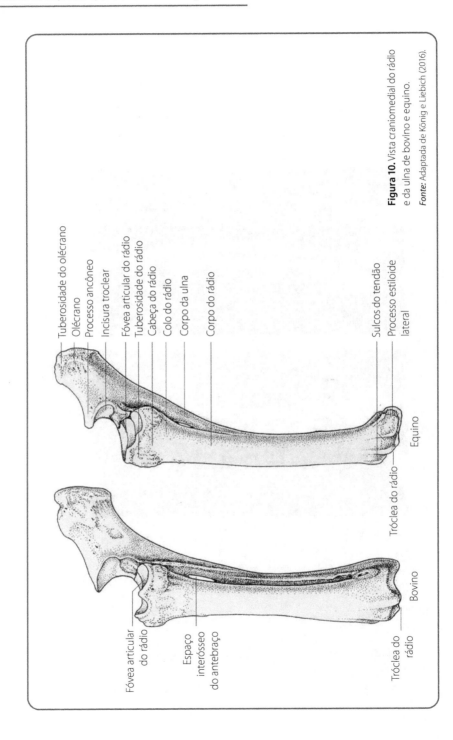

Figura 10. Vista craniomedial do rádio e da ulna de bovino e equino.
Fonte: Adaptada de König e Liebich (2016).

Carpo

Os ossos do carpo apresentam várias facetas articulares. Em bovino, o acessório do carpo tem só uma faceta articular. A superfície dorsal do carpo é plana e a superfície palmar é ligeiramente côncava e irregular. A concavidade constitui o sulco do carpo.

Metacarpo

No corpo, a face dorsal é convexa transversalmente e tem o sulco longitudinal dorsal. Este sulco liga os canais proximal e distal do metacarpo. O canal proximal é menos desenvolvido que o distal e, às vezes, é ausente. A face palmar é plana na sua maior extensão, sendo ligeiramente côncava no terço proximal. Tal como a face dorsal, apresenta um sulco longitudinal palmar e discreto.

- **Extremidade distal (cabeça):** articula-se com as primeiras falanges e com os quatro ossos sesamoides proximais. Está dividida pela incisura intertroclear em duas trócleas, medial e lateral. Cada tróclea apresenta uma crista, que a divide em duas superfícies iguais. A cavidade medular dos metacarpos III e IV está dividida por um septo longitudinal, em duas partes. Nos adultos, esse septo é geralmente incompleto no terço médio do osso.

Falanges

A falange proximal articula-se com os metacarpos III e IV; a falange distal, em sua extremidade distal, é livre; a falange média está entre as duas. As falanges proximal e média têm base, que está voltada para cima, corpo e cabeça.

A falange média tem dois tubérculos na face palmar. A cabeça tem uma tróclea para articulação com a falange distal. A falange distal tem quatro faces e três ângulos. A face solear apoia-se no solo por meio do casco, sendo lisa, lanceolada, com a extremidade aguda voltada para frente e ligeiramente para dentro. A face parietal, ou abaxial, é convexa, com vários forames. A face axial é voltada para o espaço interdigital, ligeiramente côncava. A face articular tem duas partes divididas por uma crista e articula-se com a falange média. Há uma faceta, situada caudalmente à face articular.

> **Saiba mais**
>
> O esqueleto da mão forma a parte óssea do autopódio dos membros torácicos. O autopódio é constituído por três segmentos, de proximal a distal:
> - basipódio: ossos da região do carpo ou carpais;
> - metapódio: ossos da região dos metacarpos ou metacarpais;
> - acropódio: ossos da região dos dedos ou falanges.
>
> Alterações filogenéticas do zeugopódio encontram sua continuação nas modificações características de cada espécie. Essas alterações envolvem uma elevação das mãos e dos pés da postura plantígrada dos humanos sobre a postura digitígrada de carnívoros à postura unguligrada. A quantidade de ossos é reduzida e aumenta a resistência dos ossos. Apenas os carnívoros têm o padrão original de cinco dígitos, típico em humanos. No suíno, se reduzem a quatro, enquanto no bovino restam dois dígitos e no equino há apenas o terceiro (KÖNIG; LIEBICH, 2016).

Ossos sesamoides

Em cada dedo existe um sesamoide distal, que é alongado no sentido transversal e se articula com a cabeça da falange média e com a falange distal.

Principais terminologias anatômicas referentes aos ossos localizados na região torácica

A primeira estrutura óssea do membro torácico é a escápula, vista anteriormente na Figura 7. A escápula tem as seguintes estruturas:

- espinha da escápula;
- túber da espinha;
- acrômio;
- tubérculo supraglenoidal;
- cavidade glenoide;
- fossa supraespinhal;
- fossa infraespinhal;
- cartilagem da escápula;
- fossa subescapular;
- processo coracoide.

O segundo osso do membro torácico é o úmero, que compõe o braço, visto anteriormente na Figura 8. Suas estruturas são:

- cabeça, colo e côndilo do úmero;
- tubérculo menor e maior;
- sulco intertubercular;
- tuberosidade redonda maior;
- capítulo;
- tróclea;
- fossa radial;
- sulco do músculo braquial;
- tuberosidade deltóidea;
- crista do úmero;
- epicôndilo lateral e medial;
- fossa do olecrano;
- tuberosidade redonda maior.

Os ossos que fazem parte do antebraço são o rádio e a ulna. Eles têm as seguintes estruturas:

- tuberosidade radial;
- tuberosidade do olecrano;
- olecrano;
- processo ancôneo;
- espaço interósseo proximal e distal;
- processo estiloide.

Os ossos do carpo fazem parte da região da mão. Pode-se destacar:

- osso radial do carpo;
- osso intermédio do carpo;
- osso ulnar do carpo;
- osso acessório do carpo;
- ossos cárpicos II e III;
- osso cárpico IV.

Outros ossos que fazem parte da mão são os metacarpos e as falanges, suas estruturas serão apresentadas a seguir.

- Nos metacarpos:
  - tuberosidade metacárpica;
  - canal interósseo proximal e distal;
  - sulco mediano dorsal;
  - sulco mediano palmar;
  - incisura interarticular;
  - eminência articular.
- Nas falanges:
  - face abaxial;
  - face axial;
  - proximal;
  - média;
  - distal;
  - ossos sesamoides proximal e distal;
  - tubérculo da face palmar;
  - face solear (ruminante, suíno e equino);
  - processo extensor;
  - margem coronária;
  - forames vasculares;
  - sulco parietal;
  - incisura do processo palmar;
  - processo basilar e palmar;
  - osso sesamoide distal;
  - crena.

Fique atento

Algumas características presentes nos ossos:
- cabeça é uma projeção esférica;
- oo côndilo é uma massa articular aproximadamente cilíndrica;
- tróclea é uma massa articular semelhante a uma polia (FRANDSON; WILKE; FAILS, 2005).

A seguir, veja na Figura 11 a falange equina.

Estudo do esqueleto apendicular: ossos da região torácica | 125

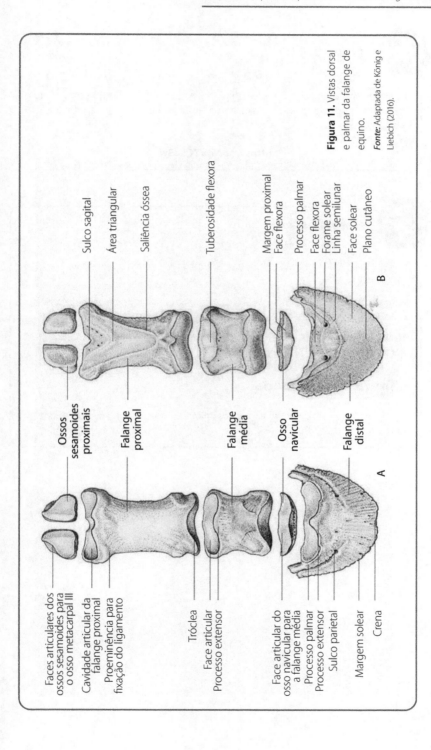

Figura 11. Vistas dorsal e palmar da falange de equino.
Fonte: Adaptada de König e Liebich (2016).

Link

Com este *link*, você pode complementar seu estudo com uma leitura sobre todo o esqueleto, desde o axial ao apendicular, e, assim, aumentar seu conhecimento sobre o assunto:

https://goo.gl/ZC3d3w

Referências

DYCE, K. M.; SACK, W. O.; WENSING, C. J. G. *Tratado de anatomia veterinária*. 2. ed. Rio de Janeiro: Elsevier, 2010.

FRANDSON, R. D.; WILKE, W. L.; FAILS, A. D. *Anatomia e fisiologia dos animais de fazenda*. 6. ed. Rio de Janeiro: Guanabara Koogan, 2005.

KÖNIG, H.; LIEBICH, H. G. *Anatomia dos animais domésticos:* texto e atlas colorido. 6. ed. Porto Alegre: Artmed, 2016.

Leitura recomendada

GETTY, R. *Sisson/Grossman anatomia dos animais domésticos*. 5. ed. Rio de Janeiro: Guanabara Koogan, 1986. v. 1 e 2.

Estudo do esqueleto apendicular: ossos da região pélvica

Objetivos de aprendizagem

Ao final deste texto, você deve apresentar os seguintes aprendizados:

- Identificar as características anatômicas dos ossos localizados na região pélvica.
- Descrever as estruturas anatômicas dos ossos localizados na região pélvica.
- Reconhecer a terminologia anatômica referente aos ossos localizados na região pélvica.

Introdução

A região dos membros posteriores é composta dos ossos pélvicos. As estruturas dessa região vão formar a cintura ou o cíngulo pélvico dos animais. A primeira estrutura dessa região é composta pelos ossos do quadril e se divide em três ossos. O ílio, o ísquio e o púbis compõem os ossos do quadril. As demais estruturas ósseas do membro pélvico são o fêmur, a tíbia, a fíbula, os ossos do tarso e do metatarso e as falanges.

Neste capítulo, você vai identificar as características anatômicas dos ossos localizados na pelve e no esqueleto apendicular. Ainda, você vai conhecer e visualizar as estruturas anatômicas dos ossos localizados no membro pélvico, reconhecendo as principais terminologias anatômicas referentes aos ossos localizados nessa região.

Características anatômicas dos ossos localizados na região pélvica

A região posterior do corpo dos animais é constituída por vários ossos. Partes desses ossos são fusionadas no animal adulto, como é o caso dos ossos do quadril. A base óssea do quadril é formando por três ossos: o ílio, o ísquio e o púbis, que formam a pelve óssea juntamente com o osso sacro e as três vértebras coccígeas. Cada metade do quadril, separadas em antímeros direito e esquerdo, se denomina de osso coxal. Então, o cíngulo pélvico é constituído em dois ossos coxais que se encontram ventralmente na sínfise pélvica (KÖNIG; LIEBICH, 2016).

O ílio (Figura 1) é o mais cranial e maior dos três ossos do quadril. Tem um contorno irregular e triangular. Ele apresenta uma asa com duas faces, corpo e presença de túber sacral e túber coxal que se prendem à coluna vertebral por meio do sacro.

O ísquio (Figura 1) é outra parte, formando a porção caudal do assoalho da pelve. É um osso irregularmente achatado e apresenta algumas partes como o ramo, o corpo, a tábua, o túber e a incisura.

O último, porém não menos importante, o pube (Figura 1) é o menor dos três ossos do quadril. Ele forma a parte cranial do assoalho da pelve. Tem um ramo cranial e caudal, além de um corpo, e apresenta um formato de "L", segundo König e Liebich (2016).

Na região do quadril, é possível visualizar estruturas como o acetábulo (cavidade), que tem por finalidade alojar a cabeça do fêmur, como você verá na Figura 1. Ele apresenta uma área rugosa, não articular, a fossa do acetábulo, para a inserção do ligamento da cabeça do fêmur. Em sua borda há um espessamento descontínuo pela presença de duas incisuras, sendo uma caudal (incisura do acetábulo) e outra cranial. A incisura cranial só está presente nos bovinos. Em ruminantes, o acetábulo está voltado para baixo e para fora.

Outra estrutura presente nessa região é o forame obturado, como se vê na Figura 2. É um espaço circunscrito pelo púbis e pelo ísquio que possibilita a diferenciação sexual nos animais. Na fêmea ele é mais largo e quase circular, já no macho é mais estreito e ovoide. A designação de obturado se dá pela existência de músculos e outras estruturas que preenchem todo o seu lume.

Estudo do esqueleto apendicular: ossos da região pélvica

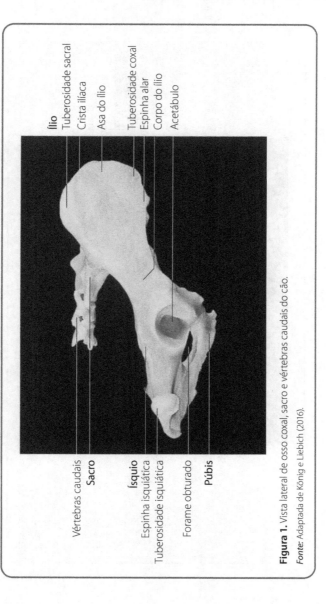

Figura 1. Vista lateral de osso coxal, sacro e vértebras caudais do cão.
Fonte: Adaptada de König e Liebich (2016).

130 Estudo do esqueleto apendicular: ossos da região pélvica

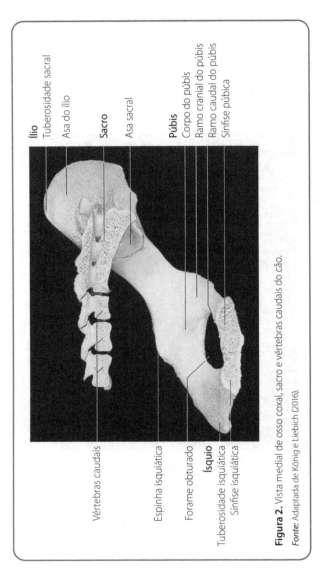

Figura 2. Vista medial de osso coxal, sacro e vértebras caudais do cão.
Fonte: Adaptada de König e Liebich (2016).

O osso fêmur é a base óssea da coxa, sendo um osso longo tendo um corpo e duas extremidades. Há outras estruturas, como cabeça, colo, trocânter, côndilos, fossa e tróclea, que o compõem. Uma estrutura óssea que está associada ao fêmur é a patela, um sesamoide articulado à tróclea do fêmur com formato triangular e vértice voltado para baixo. Sua face caudal tem duas faces articulares para a tróclea do fêmur. Segundo Dyce, Sack e Wensing (2010), a patela (Figura 3) era denominada rótula, sendo um sesamoide desenvolvido na inserção do quadríceps femoral, que auxilia na extensão do joelho.

O osso da perna é a tíbia (Figura 3), também classificado como um osso longo. Tem duas extremidades, a proximal e a distal. Na sua face cranial, tem uma grande tuberosidade, a tuberosidade da tíbia. Outro osso da perna é a fíbula (Figura 3), localizada lateralmente à tíbia. Com duas extremidades, a proximal ou cabeça e a distal ou osso maleolar.

Na região dos ossos do tarso, há cinco ossos, dispostos em duas fileiras na maioria das espécies. Na fileira proximal, os ossos são o tálus e o calcâneo. A fileira distal é composta pelos ossos centroquarto, társico II–III e társico I.

O metatarso é diferente em vários animais. Em ruminantes, o metatarso III–IV está completamente desenvolvido. Em equinos, somente o III é desenvolvido. Em suínos, os quatro são desenvolvidos.

Estudo do esqueleto apendicular: ossos da região pélvica

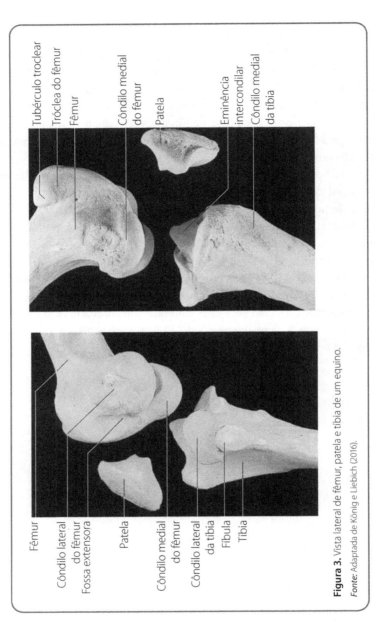

Figura 3. Vista lateral de fêmur, patela e tíbia de um equino.
Fonte: Adaptada de König e Liebich (2016).

As falanges e ossos sesamoides (Figura 4) do membro pélvico são semelhantes ao do membro torácico, tendo as falanges proximal, média e distal.

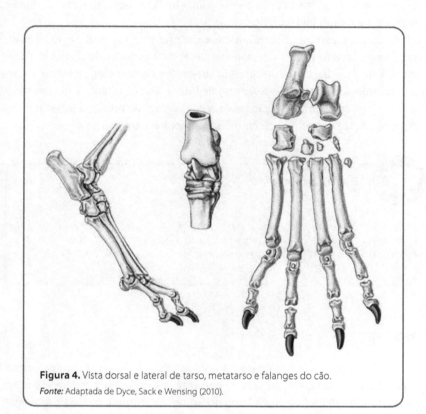

Figura 4. Vista dorsal e lateral de tarso, metatarso e falanges do cão.
Fonte: Adaptada de Dyce, Sack e Wensing (2010).

Estruturas anatômicas dos ossos localizados na região pélvica

Ílio

Presença da asa, porção mais larga do ílio, com as faces glútea e sacropelvina. A glútea é côncava e está voltada dorsolateralmente. A sacropelvina é convexa, voltada para baixo e para frente. É uma área rugosa para articulação com o sacro. Em bovinos, apresenta discreta rugosidade, disposta longitudinalmente, a linha glútea. Em pequenos ruminantes, a linha não é rugosa.

Ele está transversalmente e termina no túber sacral, situado medialmente, e no túber coxal, lateralmente. Entre os dois túberes encontra-se a crista ilíaca. O túber sacral continua caudalmente com a incisura isquiática maior, que se estende até a espinha isquiática.

O corpo é estreito e termina caudalmente junto ao pube e ao ísquio. Os dois últimos formam a cavidade articular para a cabeça do fêmur, o acetábulo. A face medial do corpo apresenta discreta e descontínua elevação linear, a linha arqueada. Ela dirige-se ventralmente em direção ao pube e em seu terço médio apresenta uma elevação rugosa, o tubérculo do músculo psoas menor. A linha arqueada termina na eminência iliopúbica, do pube.

Fique atento

No osso ílio, que é o maior e mais dorsal dos ossos do quadril, o ângulo lateral apresenta o túber coxal, que é conhecido como ponta do quadril e é chamado popularmente de "osso do gancho". Essa expressão é muito usada por pecuaristas (FRANDSON; WILKE; FAILS, 2005).

Ísquio

O ramo é a porção medial do osso e une-se com o lado oposto, constituindo a parte caudal da sínfise pélvica. O corpo se une ao ramo e estende-se até o acetábulo. A tábua é a porção larga do ísquio. Em ruminantes, o túber é bastante desenvolvido, podendo ser palpável no animal vivo. A incisura isquiática menor é a reentrância do ísquio que se estende da espinha isquiática ao túber isquiático. Os dois túberes se ligam por meio do arco isquiático.

Púbis

O ramo cranial do púbis se dirige para frente e para fora terminando no acetábulo. O ramo caudal é menor e mais delgado e continua-se com o ísquio. Os púbis dos dois antímeros se unem no plano mediano, constituindo parte da sínfise pélvica que nessa região é denominada de sínfise púbica. Entre essa sínfise e o acetábulo, o ramo cranial do púbis apresenta a discreta eminência iliopúbica. O corpo é a área de união entre os dois ramos.

Fêmur

Extremidade proximal tem a cabeça, o colo e os trocânteres maior e menor. A cabeça é arredondada e está dirigida medialmente, com a face articular voltada para dentro, para cima e ligeiramente para trás. Articula-se com o acetábulo. É recoberta por uma cartilagem hialina, exceto na depressão central, a fóvea da cabeça do fêmur, onde se insere o ligamento da cabeça do fêmur. Logo após a cabeça, encontra-se o colo.

O trocânter maior, na face lateral da extremidade proximal, se projeta para cima como uma protuberância. O trocânter menor, na face caudal da extremidade proximal, é uma saliência rugosa arredonda (em pequenos ruminantes). A crista intertrocantérica liga o trocânter maior ao trocânter menor, estruturas vistas na Figura 5 a seguir.

O corpo é cilíndrico, retilíneo (bovinos) e encurvado (pequenos ruminantes). Distalmente, apresenta a fossa supracondilar, onde se origina o músculo flexor superficial dos dedos. Na face caudal visualizam-se rugosidades longitudinalmente e o forame nutrício.

A extremidade distal é formada pela tróclea e pelos côndilos. A tróclea, na porção cranial da extremidade distal, apresenta duas arestas separadas por um sulco, para baixo e para trás. Os côndilos, lateral e medial, caudalmente à tróclea, são separados pela fossa intercondilar. A face medial (côndilo medial) é rugosa e apresenta o epicôndilo medial. O epicôndilo lateral é uma saliência menor da face lateral do côndilo lateral. Abaixo e atrás do epicôndilo lateral são observadas duas pequenas fossas, das quais a mais distal é a do músculo poplíteo. Entre o côndilo lateral e a tróclea encontra-se a fossa dos extensores.

Tíbia

A extremidade proximal da tíbia é larga e aproximadamente triangular, com os côndilos medial e lateral, para articulação do fêmur. Cranialmente apresenta-se a tuberosidade da tíbia. Entre os dois côndilos projeta-se a eminência intercondilar. As faces articulares dos côndilos são amplas e convexas. Estão separadas cranialmente pela área intercondilar cranial e caudalmente pela área intercondilar caudal. A incisura poplítea separa caudalmente os côndilos. A tuberosidade da tíbia tem contorno triangular e está separada do côndilo lateral pelo sulco extensor.

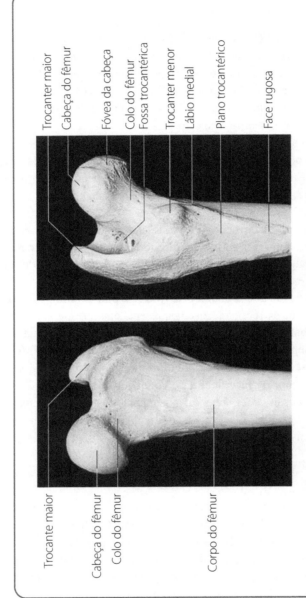

Figura 5. *(Continua)* Vistas cranial e caudal das duas extremidades proximal e distal do fêmur do cão.
Fonte: Adaptada de König e Liebich (2016).

Estudo do esqueleto apendicular: ossos da região pélvica | 137

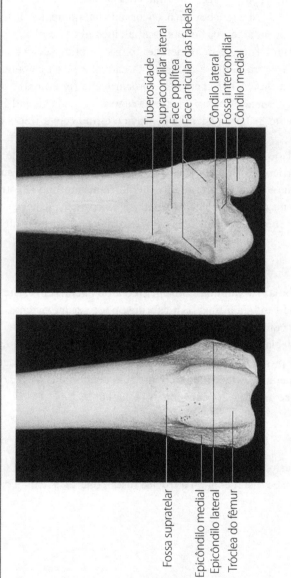

Figura 5. (*Continuação*) Vistas cranial e caudal das duas extremidades proximal e distal do fêmur do cão.
Fonte: Adaptada de König e Liebich (2016).

O corpo é largo (proximal), triangular e torna-se delgado e quadrangular nos terços médio e distal (em bovinos), encurvado lateralmente. Há três faces, medial, lateral e caudal, e três bordas, cranial, medial e lateral ou interóssea. A medial é larga e rugosa até a metade do osso e pode ser percebida por meio da pele. A lateral é lisa e retorcida. A caudal é plana e contém linhas musculares paralelas. A borda cranial é proeminente (proximal) e se desfaz gradativamente tornando apenas uma linha rugosa. A borda medial é convexa longitudinalmente. A borda lateral é côncava e forma com a fíbula o espaço interósseo.

A extremidade distal é menor que a proximal e mais larga que o corpo. A superfície articular distal é a cóclea da tíbia, formada por dois sulcos. Os sulcos lateral (largo e pouco profundo) e medial (mais profundo e estreito) são separados por uma crista. O maléolo medial forma a parede medial da cóclea. A parede lateral da cóclea é completada pelo osso maleolar, pertencente à fíbula.

Fíbula

A cabeça da fíbula está fundida à tíbia pelo côndilo lateral. Em carneiros, está constantemente fundida à tíbia. Em cabritos, pode ser inexistente. A fíbula não se articula com o fêmur (DYCE; SACK; WENSING, 2010).

O osso maleolar é observado lateralmente com contorno quadrangular. A extremidade proximal apresenta duas facetas articulares separadas por um processo pontiagudo. A face medial se articula com o tálus. A face lateral é irregular. A face distal se articula com o calcâneo.

Ossos do tarso

O tálus (Figuras 6 e 7) articula-se com a cóclea da tíbia por meio da tróclea (proximal). A face distal contém a tróclea distal, que se articula com o osso centroquarto.

O calcâneo se articula com a face lateroplantar do tálus. O espaço entre o tálus e o calcâneo é o seio do tarso. O túber do calcâneo dá inserção ao tendão calcanear comum. Seu corpo apresenta medialmente uma projeção óssea para articulação com o tálus, o sustentáculo talar. A face dorsal do calcâneo articula-se com o osso maleolar. Distalmente o calcâneo articula-se com o osso centroquarto.

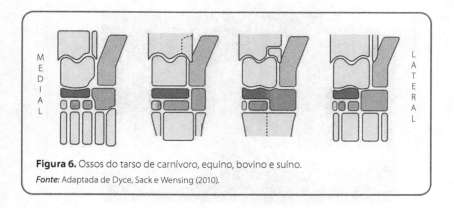

Figura 6. Ossos do tarso de carnívoro, equino, bovino e suíno.
Fonte: Adaptada de Dyce, Sack e Wensing (2010).

O osso centroquarto é o mais desenvolvido da fileira distal. É formado pela fusão do osso central do tarso com o társico IV. É um osso largo que se estende de um lado ao outro e se articula com todos os ossos do tarso. Os ossos társicos II e III resultam da fusão do társico II e do társico III. O osso társico I é pequeno e articula-se com o centroquarto e o metatarso III–IV.

Estudo do esqueleto apendicular: ossos da região pélvica

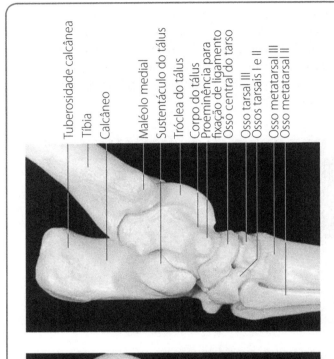

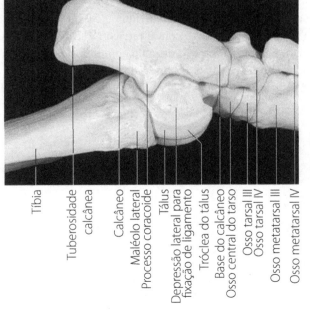

Figura 7. Vistas lateral e medial do tarso de equino.
Fonte: Adaptada de König e Liebich (2016).

Metatarso

O metatarso III–IV resulta da fusão do metatarso III (Figura 6) com o metatarso IV, na fase fetal. O metatarso II e o metatarso V estão em forma de crista às bordas plantomedial e plantolateral, do metatarso III–IV. O osso pequeno e discoide que se articula com a face plantar da base do metatarso III–IV é o osso sesamoide do metatarso. Os metatarsos são mais longos que os metacarpos.

O metatarso III–IV tem sua base (extremidade proximal) larga e articula-se com a fileira distal dos ossos do tarso. Em bovinos, um canal comunica o centro da base do osso com a sua face plantar. A tuberosidade do osso metatarso III–IV ocupa uma posição dorsomedial e sua base.

O corpo tem formato quadrangular e largo nas epífises. A face dorsal tem longitudinalmente um sulco longitudinal dorsal. Na face plantar há o sulco longitudinal plantar. O canal distal do metatarso é constante e bem desenvolvido, enquanto proximal falta frequentemente. A extremidade distal se semelha à do metacarpo III–IV.

Saiba mais

O osso patela, antigamente chamada rótula, é um sesamoide. Ele é desenvolvido na inserção do quadríceps femoral, que é o principal extensor do joelho. Tem formato ovoide em cães e prismático em equinos e bovinos. Em animais domésticos, a patela se localiza medial e lateralmente por meio de cartilagens parapatelares (DYCE; SACK; WENSING, 2010).

Terminologia anatômica referente aos ossos localizados na região pélvica

O quadril é uma estrutura óssea presente na região pélvica. Ele é constituído por três ossos, que, no jovem, são unidos por articulações e, no adulto, tendem a se fundir. As estruturas encontradas nos ossos ílio, ísquio e púbis são:

Ílio:

- túber sacral;
- túber coxal;
- face glútea;
- face sacropelvina;
- crista ilíaca;
- asa do ílio.

Ísquio:

- incisura isquiática menor;
- incisura isquiática maior;
- tábula;
- espinha isquiática;
- tuberosidade isquiática;
- ramo;
- corpo;
- sínfise pélvica;
- acetábulo (parte).

Púbis:

- ramo cranial;
- ramo caudal;
- sínfise pélvica;
- corpo;
- tubérculo púbico;
- acetábulo (parte);
- eminencia iliopúbica.

Os ossos do membro pélvico são o fêmur, a patela, a tíbia, a fíbula, os ossos társicos, os metatarsos e as falanges. Cada estrutura óssea apresenta vários acidentes que estão nomeados as seguir.

Fêmur:

- trocânter maior;
- trocânter menor;
- cabeça;
- colo;
- crista intertrocantérica;
- fossa supracondilar;
- tuberosidade supracondilar lateral;
- tuberosidade supracondilar medial;
- tróclea;
- côndilos lateral e medial;
- arestas;
- sulco;
- fossa intercondilar;
- epicôndilo medial e lateral;
- depressão para inserção do músculo poplíteo;
- fossa dos extensores.

Patela:

- ápice;
- face articular;
- base.

Tíbia:

- côndilo medial e lateral;
- maléolo medial;
- crista tibial;
- tuberosidade da tíbia;
- tuberosidade lateral e medial;
- fossa tibial;
- sulco extensor;
- eminência intercondilar;
- área intercondilar;
- linha poplítea;
- incisura poplítea.

Fíbula:

- cabeça (extremidade proximal);
- osso maleolar (extremidade distal);
- corpo (em alguns animais).

Tarso:

- tálus;
- calcâneo;
- centroquarto;
- társicos ii, ii e i (no equino o iv tarsiano);
- sustentáculo talar;
- central do tarso (no equino);
- tuberosidade do calcâneo.

Metatarso:

- tuberosidade metatársica;
- sulco longitudinal dorsal;
- canal interósseo proximal e distal;
- côndilos;
- sulco longitudinal palmar;
- aresta medial (no equino).

Falanges e sesamoides:

- falange proximal;
- falange média;
- falange distal;
- processo extensor;
- osso sesamoide proximal e distal.

Referências

DYCE, K. M.; SACK, W. O.; WENSING, C. J. G. *Tratado de anatomia veterinária*. 2. ed. Rio de Janeiro: Elsevier, 2010.

FRANDSON, R. D.; WILKE, W. L.; FAILS, A. D. *Anatomia e fisiologia dos animais de fazenda*. 6. ed. Rio de Janeiro: Guanabara Koogan, 2005.

KÖNIG, H.; LIEBICH, H. G. *Anatomia dos animais domésticos:* texto e atlas colorido. 6. ed. Porto Alegre: Artmed, 2016.

Leituras recomendadas

BUCHMAN, A. et al. *Radiologia veterinária membro pélvico do cão*: pé. [S. l.], [200–?]. Disponível em: https://pt.scribd.com/doc/16124032/Anatomia-Veterinaria. Acesso em: 6 abr. 2019.

GETTY, R. *Sisson/Grossman anatomia dos animais domésticos*. 5. ed. Rio de Janeiro: Guanabara Koogan, 1986. v. 1 e 2.

Identificação dos diferentes tipos de articulações

Objetivos de aprendizagem

Ao final deste texto, você deve apresentar os seguintes aprendizados:

- Identificar as articulações presentes nos animais domésticos.
- Classificar as articulações quanto à função.
- Descrever as articulações quanto à localização.

Introdução

Os ossos unem-se uns aos outros para constituir o esqueleto. Essa união não tem finalidade exclusiva de contato, mas também de permitir mobilidade. Além disso, como essa união não se dá da mesma forma em todos os ossos, os tipos de movimentos variam conforme o tipo de comunicação entre as estruturas. Dessa forma, para denominar a relação existente entre quaisquer partes rígidas do esqueleto, sejam ossos, dentes ou cartilagens, utilizamos o termo *articulação*. Logo, a articulação une duas ou mais estruturas rígidas.

As articulações são mais simples na cabeça, mais complicadas no tronco e de maior complexidade em nível de membros. Na cabeça, com exceção da mandíbula (a qual se articula com o osso temporal), os outros ossos mantêm relações de contiguidade uns com os outros sem que haja movimentação de qualquer deles. Na região do tronco, os *movimentos* são observados entre quase todas as peças ósseas que o constituem, porém são pouco acentuados, enquanto na região dos membros os movimentos são de grande amplitude.

A denominação da articulação é formada pelo nome dos ossos que entram em sua constituição, por exemplo, articulação coxofemoral, a qual *reúne* coxal e fêmur. Nessa denominação é citado primeiro o osso que apresenta menor movimento. Neste capítulo, você aprenderá quais articulações estão presentes nos animais domésticos, além de suas funções e sua localização. Esse conhecimento é importante para compreender sua relação com lesões e doenças que podem acometer os animais.

Articulações presentes nos animais domésticos

Segundo Dyce, Sack e Wensing (2004) e König e Liebich (2014), as articulações podem ser classificadas estruturalmente, com base nas características anatômicas, e funcionalmente, de acordo com o tipo de movimento que possibilitam.

A classificação estrutural das articulações é baseada em dois critérios:

1. existência ou não de espaço entre as estruturas rígidas integrantes da articulação, chamado de cavidade articular; e
2. tipo de tecido conjuntivo que une as estruturas rígidas.

Assim, do ponto de vista estrutural, as articulações podem ser classificadas em: fibrosas, cartilaginosas, sinoviais e um tipo especial, as musculares.

A classificação funcional das articulações tem relação com o grau de movimento que permitem. Funcionalmente, as articulações são classificadasconforme descrito abaixo.

- **Sinartrose**: uma articulação imóvel.
- **Anfiartrose**: uma articulação discretamente móvel.
- **Diartrose**: uma articulação livremente móvel. Todas as diartroses são articulações sinoviais. Elas apresentam várias formas e possibilitam diversos tipos diferentes de movimentos.

A seção a seguir apresenta a identificação das articulações com base em sua classificação estrutural.

Articulação fibrosa

O elemento que se interpõe entre as peças que se articulam é o tecido fibroso (tecido conjuntivo denso não modelado e rico em fibras de colágeno) e não há presença de cavidade articular. A maior parte das articulações fibrosas encontram-se na cabeça do animal. São subdivididas em: suturas, sindesmoses e gonfoses.

Suturas

A sutura é uma articulação composta de uma fina camada de tecido conjuntivo denso não modelado. É encontrada entre os ossos do crânio, sendo que os ossos adjacentes são intimamente unidos por tecido fibroso — os ligamentos suturais. As margens irregulares e interligadas das suturas conferem resistência adicional e diminuem as chances de fratura. As suturas são articulações que se formam conforme os ossos do crânio entram em contato um com o outro durante o desenvolvimento. São imóveis ou discretamente móveis, sendo que nos indivíduos mais velhos são imóveis. Assim, algumas suturas, embora existentes durante o crescimento do crânio, são substituídas por osso no adulto, em um processo chamado sinostose, por isso a maioria é temporária. Uma sinostose, portanto, é classificada como sinartrose, porque é imóvel.

Dependendo da forma pela qual as bordas dos ossos entram em contato, reconhecemos três tipos de sutura: serrátil, escamosa e plana.

- **Sutura serrátil (denteada):** as bordas das superfícies ósseas formam saliências e depressões que se encaixam. Exemplo: entre osso frontal e nasal.
- **Sutura escamosa (em bisel):** quando a superfície de um osso se sobrepõe a outro. Exemplo: entre osso parietal e temporal.
- **Sutura plana (harmônica):** apresenta-se de forma lisa e simplesmente está em contato com o outro. Exemplo: entre os ossos nasais.

Sindesmoses

Neste tipo, o meio de união é constituído de tecido fibroso branco, de tecido elástico ou mesmo de uma mescla de ambos (tecido fibroso + tecido conjuntivo). Na sindesmose existe uma distância maior entre as faces articulares e mais tecido conjuntivo do que em uma sutura. O meio de união é tipicamente arranjado como um feixe (ligamento), possibilitando que a articulação tenha movimento muito limitado. Assim como as suturas, também são temporárias. Nesse tipo de articulação, há a presença de uma membrana interóssea, que consiste em uma lâmina substancial de tecido conjuntivo que liga os ossos longos vizinhos e permite discreto movimento. É uma articulação presente mais a nível de membros. Por exemplo, união dos corpos dos ossos metacarpianos dos cavalos, nas inserções das cartilagens costais entre si, sindesmose radioulnar e sindesmose tibiofibular.

Numa sindesmose, quando os ossos em justaposição estão unidos por tecido fibroso, como na fusão dos corpos do rádio e da ulna e da tíbia e da fíbula no cavalo, o meio de união original com a idade sofre sinostose.

Gonfoses

É um tipo especial de sindesmose. Gonfose ou articulação dentoalveolar é a denominação para a ligação de um dente ao osso de seu alvéolo. Os únicos exemplos de gonfoses são as articulações entre as raízes dos dentes e seus alvéolos na maxila ou na mandíbula. O tecido conjuntivo denso não modelado entre o dente e seu alvéolo consiste no periodonto. Uma gonfose saudável não permite movimento (sinartrose). A inflamação associada à degeneração da gengiva, do periodonto e do osso é chamada doença periodontal e, nesses casos, pode haver a presença de movimentos, o que significa uma condição patológica.

Articulação cartilaginosa

Neste grupo de articulações, os ossos estão unidos por fibrocartilagens ou cartilagem hialina, ou uma combinação de ambas. Assim como a articulação fibrosa, a articulação cartilaginosa não apresenta cavidade articular e possibilita pouco ou nenhum movimento. O número e a espécie de movimento estão condicionados pela forma das partes articulares e pela quantidade e flexibilidade do meio de união. Classificam-se, de acordo com os diferentes tipos de cartilagem, em: sincondrose e sínfise.

Sincondrose

Neste tipo de articulação, o meio de união é unicamente cartilagem hialina. Algumas vezes é denominada de articulação cartilaginosa primária, sendo um tipo temporário, uma vez que a cartilagem se converte em osso antes da idade adulta. A cartilagem hialina que une os ossos é uma porção persistente do embrião. Do ponto de vista funcional, a sincondrose é uma articulação imóvel (sinartrose), por sua vez, quando o crescimento ósseo cessa, a cartilagem hialina é substituída por osso e a sincondrose se torna uma sinostose, ou seja, uma articulação óssea. Por exemplo, articulações entre as epífises e diáfises (placa epifisária) de ossos longos dos animais jovens, articulação esfeno-occipital e articulação intermandibular. As poucas sincondroses permanentes incluem a articulação entre o crânio e o aparelho hioide, o que permite movimento apreciável em algumas espécies.

Sínfise

É uma articulação cartilaginosa na qual as extremidades dos ossos da articulação são recobertas por cartilagem hialina, porém, um disco largo e plano de fibrocartilagem conecta os ossos. Assim, o meio de união é uma mistura de tecido cartilaginoso e tecido fibroso. Também é denominada de articulação cartilaginosa secundária. A sínfise é uma articulação discretamente móvel. Todas as sínfises existem na linha média do corpo. Por exemplo, sínfise pélvica ou púbica, esternébras e articulações dos corpos das vértebras (discos intervertebrais de fibrocartilagem).

Fique atento

As articulações do tipo fibrosas e cartilaginosas não apresentam cavidade articular, logo, os movimentos são inexistentes ou reduzidos.

Articulação sinovial

Este grupo de articulações é caracterizado pela mobilidade e pela presença de uma cavidade articular, bem como de membrana sinovial. Uma vez que a cavidade articular possibilita movimento considerável na articulação, todas as articulações sinoviais são classificadas como livremente móveis, ou seja, diartroses. Uma articulação simples é aquela formada por duas superfícies articulares (por exemplo, articulação atlantoaxial), por sua vez, uma articulação composta é formada por um número superior a dois (por exemplo, articulação do cotovelo: umeroradioulnar).

Os ossos na articulação sinovial são cobertos por uma camada de cartilagem hialina chamada de cartilagem articular. A cartilagem cobre as faces articulares dos ossos com uma superfície lisa e deslizante, porém não as une. A cartilagem articular reduz o atrito entre os ossos na articulação durante o movimento e ajuda a absorver impactos.

Uma articulação sinovial típica de algumas estruturas que a compõem possui as características descritas a seguir. (Figura 1)

- **Superfície articular**: tem forma e tamanho variados, sendo na maioria dos casos lisa. São constituídas de tecido ósseo denso especial e, em certos casos, a superfície encontra-se interrompida por cavidades não articulares (fossas ou fossetas sinoviais).
- **Cartilagem articular**: lâmina de tecido cartilaginoso (normalmente hialina) que cobre a superfície articular impedindo o atrito entre as articulações, evitando a dor. Em virtude desse revestimento, as superfícies articulares se apresentam lisas, polidas e de tonalidade azulada no estado fresco.
- **Cápsula articular**: é um meio de união representada por uma espécie de tubo (manguito) que envolve a articulação, prendendo-se nos ossos que se articulam. Compõe-se de duas camadas: (a) uma externa constituída de tecido fibroso (ligamento capsular), a qual é mais ou menos espessa e inelástica, com função de manter fixa a superfície articular; e (b) uma interna, a camada sinovial ou membrana sinovial, apresentando-se delgada e brilhante. Esta secreta o líquido sinovial, que serve como lubrificante da articulação, evitando o atrito.

O líquido sinovial é um líquido viscoso, claro ou amarelo-claro, composto por ácido hialurônico secretado por células sinoviais na membrana sinovial e líquido intersticial filtrado do plasma sanguíneo. Ele forma uma película fina sobre as superfícies dentro da cápsula articular. Suas funções incluem a redução do atrito pela lubrificação da articulação, a absorção de impactos, o fornecimento de oxigênio e nutrientes e a remoção de dióxido de carbono e resíduos metabólicos dos condrócitos dentro da cartilagem articular (lembrar que a cartilagem é um tecido avascular, logo, não apresenta vasos sanguíneos para realizar a última função citada). O líquido sinovial também contém células fagocíticas que removem micróbios e resíduos resultantes do uso e do desgaste da articulação. Quando uma articulação sinovial fica imobilizada por algum tempo, o líquido se torna bastante viscoso (como um gel), porém, conforme o movimento articular se intensifica, o líquido se torna menos viscoso.

Os elementos citados acima são constantes e necessários em todas as articulações sinoviais. Entretanto, outros elementos podem entrar na constituição das articulações.

- **Ligamentos**: são cordões de tecido fibroso que têm função de reforçar a cápsula articular. Quanto mais complexa a articulação, maior a necessidade de aparecer um ligamento.

- **Discos e meniscos articulares**: são placas de fibrocartilagem ou tecido fibroso denso embutidos entre as cartilagens articulares. Exemplo: côndilo-côndilo.
- **Cartilagem marginal**: é um anel de fibrocartilagem que rodeia a borda de uma cavidade articular. Amplia a cavidade e contribui na prevenção de fraturas na borda articular.

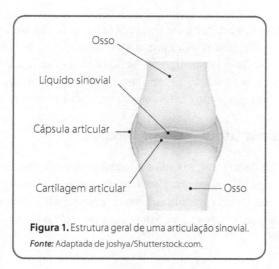

Figura 1. Estrutura geral de uma articulação sinovial.
Fonte: Adaptada de joshya/Shutterstock.com.

Fique atento

A articulação sinovial apresenta uma característica que a torna única: presença de cavidade articular ou cavidade sinovial entre os ossos integrantes da articulação.

- **Suprimento sanguíneo e nervoso**: embora muitos dos componentes das articulações sinoviais sejam avasculares, as artérias circunjacentes enviam inúmeros ramos que penetram nos ligamentos e na cápsula articular levando oxigênio e nutrientes. As veias removem o dióxido de carbono e os resíduos das articulações. Os ramos arteriais das diferentes artérias normalmente emergem em volta da articulação antes de penetrar na cápsula articular. Os condrócitos na cartilagem articular recebem oxigênio e nutrientes do líquido sinovial derivado do sangue; todos os outros tecidos articulares são supridos diretamente por capilares. A membrana sinovial é bem suprida de vasos linfáticos. As fibras nervosas são bem numerosas na membrana sinovial e ao seu redor. Além disso, existem terminações nervosas especiais, que interferem nos impulsos proprioceptivos, bem como fibras dolorosas. Fibras vasomotoras e vasos sensoriais servem para controlar os vasos sanguíneos.

Embora todas as articulações sinoviais apresentem muitas características em comum, o formato das faces articulares varia, o que permite vários tipos de movimentos. Os diversos tipos de articulações sinoviais serão vistos na seção seguinte (classificação das articulações quanto a função), uma vez que mostraremos os tipos junto com os movimentos que podem realizar.

Articulação muscular ou sinsarcose

Nos mamíferos domésticos (os quais são desprovidos de clavícula), as articulações troncoapendiculares anteriores unem os ossos apenas por músculos. O exemplo é a união da escápula ao tronco, uma vez que a escápula não apresenta conexão óssea com o tórax ósseo, ela é mantida no lugar por músculos e ligamentos.

Articulações: função e localização

As articulações sinoviais são as únicas livremente móveis, o que configura diversos tipos de movimentos que podem realizar de acordo com suas características estruturais. A estabilidade é um atributo necessário das articulações, uma vez que ajudam a sustentar o corpo, juntamente com o esqueleto ósseo. Dessa forma, vários tipos de movimentos ativos ocorrem nas articulações sinoviais. Assim, as articulações sinoviais podem ainda ser classificadas quanto ao tipo de movimento e pelos eixos de seus movimentos. Quanto ao tipo de movimento que podem realizar, são divididas em:

- **Angulares:** nestes movimentos, há uma diminuição ou aumento do ângulo existente entre o segmento que se desloca e aquele que permanece fixo. Os principais movimentos angulares são flexão, extensão, abdução, adução e circundução.

- Flexão e extensão: a flexão e a extensão são movimentos opostos (flexão é a diminuição do ângulo, o aumento é extensão). Exemplo: aproximar o antebraço do braço na articulação do cotovelo entre o úmero, a ulna e o rádio, como dobrar o cotovelo.
- Abdução e adução: o primeiro é sinônimo de abertura e significa o movimento de afastamento do osso do eixo mediano. Exemplo: movimento de afastamento do membro anterior. Adução é o retorno do membro à posição primitiva ou quando se aproxima do eixo principal do corpo.
- Circundução: são movimentos em que o segmento descreve círculos em torno de um eixo. No homem, tal movimento é facilmente executado, porém, nos quadrúpedes, é possível somente num grau limitado (exemplo: articulações na extremidade da coluna — pescoço e cauda) e como manifestação de enfermidade.
- **Rotação:** quando um elemento permanece fixo e outro gira em torno do eixo principal longitudinal. Exemplo: articulação atlantoaxial.
- **Deslizamento:** é o tipo mais simples de ação e é representado por uma superfície resvalando sobre a outra, ou seja, as superfícies ósseas praticamente planas se movimentam para frente e para trás e de um lado para o outro. Não há alteração significativa do ângulo entre os ossos, logo, a amplitude dos movimentos de deslizamento é limitada em razão da estrutura da cápsula articular, ligamentos associados e ossos. Exemplo: articulações intercarpais e intertarsais.

Fique atento

A circundução é um movimento circular ou semicircular de um membro em volta do eixo do corpo, sendo uma combinação dos movimentos de flexão, abdução, extensão, adução e rotação da articulação (ou na ordem contrária).

Quanto ao tipo de eixo de seus movimentos, podem ser classificadas em relação aos fatores descritos a seguir.

- **Monoaxiais ou uniaxial:** os movimentos se realizam em torno de um único eixo e em um único plano. Permitem apenas flexão e extensão, sendo a articulação do tipo gínglimo (exemplo: articulação do coto-

velo, na qual o eixo é transversal) ou trocoide (exemplo: articulação atlantoaxial, na qual o eixo é longitudinal).
- **Biaxiais:** quando os movimentos podem se realizar em torno de dois eixos horizontais em ângulos retos entre si e, portanto, em dois planos. Nesta forma de articulação, a circundução é permitida, ou seja, é descrita quando executamos movimentos de flexão, abdução, extensão e adução, mas não o de rotação axial. A articulação é do tipo condilar (exemplo: articulação do joelho, temporomandibular), articulação elipsoide (exemplo: articulação antebraquiocarpiana) e articulação selar (exemplo: articulação interfalângica no cão).
- **Triaxiais ou multiaxiais:** quando os movimentos podem ser executados em torno de três eixos, permitindo circundução e rotação axial. A articulação é do tipo esferoidal (exemplo: articulação do quadril [coxofemoral] e articulação do ombro).

Assim, após observar a classificação quanto aos movimentos e eixos, as articulações sinoviais podem ser classificadas morfologicamente, de acordo com as especificações demonstradas abaixo.

- **Articulação plana:** caracteriza-se por apresentar superfície articular plana ou quase plana que permite o deslizamento de umas sobre as outras (para frente e para trás e para um lado ou outro entre as superfícies planas dos ossos). Normalmente são articulações biaxiais. Exemplo: articulação dos processos articulares das vértebras e articulação sacroilíaca (face ventral do ílio e processo transverso do sacro).
- **Articulação tipo gínglimo ou troclear ou dobradiça:** a face convexa de um osso se encaixa na face côncava de outro osso. Articulação típica de dobradiça realizando movimentos angulares (flexão e extensão). Caracteriza-se pela apresentação de um único eixo (portanto uniaxiais) e superfícies articulares das quais uma forma uma tróclea e a outra forma uma crista que se adapta. Exemplo: articulação da tíbia e do tálus e articulação do cotovelo (umeroradioulnar).
- **Articulação condilar:** são constituídas por côndilos e cavidades. Executam dois movimentos principais: extensão e flexão e, acessoriamente, lateralidade e deslizamento. É uma articulação biaxial. Embora se assemelhe a uma articulação dobradiça, ela permite mais movimentos. Exemplo: articulação do joelho (femorotibiopatelar), articulação atlanto-occipital e articulação temporomandibular.

- **Articulação elipsoide:** é muito semelhante à articulação condilar. A superfície articular assemelha-se a uma elipse. As superfícies articulares são mais longas em uma direção e em ângulos retos para outra. É uma articulação biaxial porque os movimentos ocorrem em torno de dois eixos (flexão e extensão e abdução e adução), mais a circundução limitada (a circundução não é um movimento isolado). Exemplo: articulação antebraquiocarpiana.
- **Articulação tipo trocoide:** também é chamada de articulação pivô. A face arredondada ou pontiaguda de um osso se articula com um anel formado parcialmente por outro osso e parcialmente por um ligamento. Neste tipo de articulação, o movimento se limita à rotação de um segmento ao redor do eixo longitudinal do outro (uniaxial). Exemplo: articulação atlantoaxial.
- **Articulação esferoidal:** caracteriza-se pela recepção de uma cabeça articular numa cavidade de forma apropriada. Permite a maior variedade de movimentos: flexão e extensão (no eixo horizontal-frontal), abdução e adução e rotação em torno do eixo vertical, portanto, é triaxial. Exemplo: articulação escapuloumeral (cavidade glenoide da escápula e cabeça do úmero) e articulação coxofemoral (cavidade cotiloide do quadril e cabeça do fêmur).
- **Articulação selar:** as superfícies são reciprocamente côncavo-convexa ou em sela de montaria. Flexão, extensão, abdução, adução e circundução limitada podem ser executadas, mas não a rotação axial. Exemplo: articulação carpometacarpiana do polegar no homem e articulações interfalângicas no cão.

Referências

DYCE, K. M.; SACK, W. O.; WENSING, C. J. G. *Tratado de anatomia veterinária*. 3. ed. Rio de Janeiro: Elsevier, 2004.

KÖNIG, H.; LIEBICH, H. G. *Anatomia dos animais domésticos:* texto e atlas colorido. 6. ed. Porto Alegre: Artmed, 2016.

Leitura recomendada

GETTY, R. *Sisson/Grossman anatomia dos animais domésticos*. 5. ed. Rio de Janeiro: Guanabara Koogan, 1986. v. 1 e 2.

Classificação das articulações do esqueleto axial

Objetivos de aprendizagem

Ao final deste texto, você deve apresentar os seguintes aprendizados:

- Identificar as características das articulações do esqueleto axial.
- Demonstrar as articulações do esqueleto axial.
- Reconhecer as terminologias referentes às articulações do esqueleto axial.

Introdução

Entendemos as articulações como pontos de contato entre estruturas rígidas do esqueleto, sejam ossos, dentes ou cartilagens. O esqueleto axial também apresenta diversas articulações que o compõem, que variam conforme o tipo estrutural e a função (movimento). Importante lembrar que a denominação da articulação é formada pelo nome dos ossos que entram em sua constituição, como articulação temporomandibular, a qual reúne osso temporal e mandíbula. Nesta denominação é citado primeiro o osso que apresenta menor movimento.

Neste capítulo, você identificará quais articulações estão presentes no esqueleto axial dos animais domésticos, além de suas funções e sua localização. Esse conhecimento é importante para compreender sua relação com lesões e doenças que podem acometer os animais.

Características das articulações do esqueleto axial

Segundo Dyce, Sack e Wensing (2004) e König e Liebich (2016) as articulações do esqueleto axial podem ser classificadas estruturalmente, com base nas suas características anatômicas, e funcionalmente de acordo com o tipo de movimento que possibilitam.

A classificação estrutural das articulações do esqueleto axial está relacionada, principalmente, com o tipo de tecido conjuntivo, que é o meio de união entre as estruturas rígidas, além da presença ou ausência de cavidade articular. Assim, do ponto de vista estrutural, as articulações encontradas no esqueleto axial podem ser classificadas em fibrosas, cartilaginosas e sinoviais.

Por outro lado, a classificação funcional das articulações tem relação com o grau de movimento que permitem. Funcionalmente, as articulações pertencentes ao esqueleto axial são classificadas como sinartroses, anfiartroses e diartroses.

A seção a seguir apresenta a identificação das características das articulações do esqueleto axial, dividido por regiões, com base em sua classificação estrutural e funcional.

1. **Região da cabeça (crânio e face):** na região da cabeça encontramos todos os tipos estruturais e funcionais de articulações. Dessa forma, na região da cabeça encontramos articulações do tipo **fibrosa/sinartroses** (como suturas), **cartilaginosas/anfiartroses** (como sínfise mandibular) e **sinoviais/diartroses** (como articulação temporomandibular).
2. **Ossículos da audição:** na região onde encontram-se os ossículos da audição (martelo, bigorna e estribo) (Figura 1), as duas articulações existentes são do tipo **sinovial/diartroses** (como articulação incudomalear).

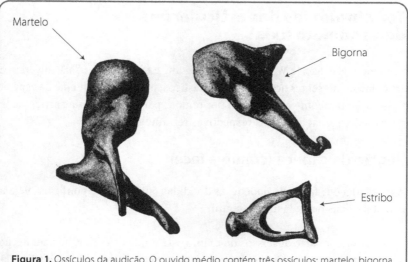

Figura 1. Ossículos da audição. O ouvido médio contém três ossículos: martelo, bigorna e estribo.
Fonte: Adaptada de Morphart Creation/Shutterstock.com.

3. **Região do pescoço (hioide e vértebras cervicais):** nessa região encontramos articulações do tipo **cartilaginosas/anfiartroses** (como articulação temporo-hioide) e **sinoviais/diartroses** (como articulação atlantoccipital).
4. **Coluna vertebral (vértebras torácicas, lombares, sacrais e caudais):** nessa porção do esqueleto axial encontramos articulações **cartilaginosas/anfiartroses** (como articulação dos corpos das vértebras — discos intervertebrais de fibrocartilagem) e **sinoviais/diartroses** (como articulações dos arcos vertebrais).
5. **Região do tórax (costelas e esterno):** na região do tórax encontramos articulações do tipo **fibrosas/sinartrose** (como articulações costocondrais), **cartilaginosas/anfiartroses** (como articulações interesternais) e **sinoviais/diartroses** (como articulação costotransversa).

Terminologias das articulações do esqueleto axial

Segundo Dyce, Sack e Wensing (2004) e König e Liebich (2016), são diversas as articulações presentes nos animais domésticos, independentemente da espécie. Essa seção também será dividida por regiões para apresentar as articulações do esqueleto axial com suas respectivas terminologias.

Região da cabeça (crânio e face)

As articulações **fibrosas** podem ser divididas em suturas e gonfoses. Veja as características de cada uma a seguir.

- A maior parte dos ossos do crânio está unida aos ossos adjacentes por **suturas**; alguns são unidos por cartilagem. A diferença no meio de união depende do fato de que a maior parte desses ossos se desenvolve a partir da membrana, mas alguns são pré-formados na cartilagem. A maioria dessas articulações é temporária e se fecha, em diferentes períodos, durante o desenvolvimento e o crescimento do animal. Sua importância é situada no fato de que, enquanto persistirem, o crescimento contínuo é possível. O período de fechamento depende da espécie animal envolvida.
    - Exemplos de suturas: nasolacrimal (entre os ossos nasal e lacrimal), maxiloincisiva (entre os ossos maxilar e incisivo), frontolacrimal (entre os ossos frontal e lacrimal), lacrimozigomática (entre os ossos lacrimal e zigomático), interfrontal (entre os ossos frontal), internasal (entre os ossos nasal), lacrimomaxilar (entre os ossos lacrimal e maxilar) e zigomaticomaxilar (entre os ossos zigomático e maxilar).
- Na região da cabeça ainda se encontram as **gonfoses**, que representam a articulação entre o dente e o seu alvéolo. Por isso, é mais conhecida como articulação dentoalveolar. Nesse tipo de articulação o movimento só é possível em caso de doença periodontal.

As articulações **cartilaginosas** podem ser divididas em sincondrose e sínfise mentoniana. Veja as características de cada uma a seguir.

- **A sincondrose** pode aparecer em algumas áreas da cabeça: sincondrose esfenoccipital (entre a parte basilar do osso occipital e o corpo do osso esfenoide); sincondrose intersfenoide (entre o osso presfenoide e o osso basisfenoide); e sincondrose entre as partes do osso occipital (escamolateral e intraoccipital basilateral).
- **A sínfise mentoniana,** também conhecida como sínfise mandibular, é uma estrutura anatômica que divide a mandíbula em duas partes.

As articulações **sinoviais** aparecem como articulação temporomandibular. A **articulação temporomandibular** é a única articulação classificada como sinovial na região da cabeça, sendo do tipo sinovial condilar. É formada entre o ramo da mandíbula e a parte escamosa do osso temporal.

Ossículos da audição

Os ossículos da audição são três pequenos ossos que fazem parte do ouvido médio e atuam na transmissão das ondas sonoras desde a membrana timpânica até a perilinfa da orelha interna. As articulações entre esses ossos são do tipo **sinovial**. As articulações que fazem parte são a articulação incudomalear, que é uma articulação sinovial do tipo selar, que ocorre entre o martelo e a bigorna, e a articulação incudoestapedial, que é uma articulação sinovial do tipo esferoidal, que ocorre entre a bigorna e o estribo.

Região do pescoço (hioide e vértebras cervicais)

As articulações **cartilaginosas** aparecem como sincondrose. A articulação temporo-hioide (ATH) é uma sincondrose, na qual a parte petrosa do temporal é presa à extremidade proximal do osso estilo-hioide pela cartilagem timpano--hioide. O eixo de movimento é transversal, passando por ambas as ATHs, integrando o aparelho de suspensão do hioide na base do crânio. Assim sendo, a ATH é composta pelo ângulo articular do osso estilo-hioide (timpano-hioide) e pela região ventral (processo estiloide) da parte petrosa do osso temporal.

As articulações **sinoviais** podem ser divididas em articulação atlantoccipital e articulação atlantoaxial. Veja as características de cada uma a seguir.

- A **articulação atlantoccipital** é a articulação entre os côndilos do occipital e as duas cavidades glenoides do atlas. É uma articulação sinovial do tipo gínglimo realizando movimentos angulares de flexão e extensão.

- A **articulação atlantoaxial** é a articulação entre a fossa odontoide do atlas e o processo odontoide do áxis. Observa-se que as superfícies articulares não se adaptam perfeitamente uma a outra, de forma que em certos momentos, apenas poucas áreas estão em contato umas às outras. A cápsula articular é frouxa e suficientemente ampla para permitir movimento extenso. Aparece, dorsalmente, um reforço de membrana, conhecida como membrana tectória. É uma articulação sinovial do tipo trocoide realizando movimentos de rotação.

Coluna vertebral (vértebras torácicas, lombares, sacrais e caudais)

As vértebras formam dois conjuntos de articulações, um é cartilaginoso, envolvendo conexão direta dos corpos vertebrais (sínfise), o outro é sinovial, existente entre as faces articulares dos processos articulares cranial e caudal. Associados a essas articulações, há ligamentos que unem os arcos e os processos, os comuns estendem-se ao longo de quase toda a coluna vertebral ou em uma considerável parte desta, enquanto os especiais são limitados a uma única articulação.

Os movimentos são de flexão dorsal, ventral e lateral e rotação. A quantidade de movimentos em uma única articulação é pequena, contudo, o somatório dos movimentos é considerável. São mais livres na região cervical (pertencentes a região do pescoço) e caudal e limitados nas regiões torácica e lombar.

Nas articulações **cartilaginosas** você encontrará a sínfise. Nessa divisão, você encontrará as características da articulação do corpo das vértebras e sua localização.

- A **articulação do corpo das vértebras** é a articulação entre a cabeça de uma vértebra com a cavidade cotiloide de outra. Aparece um disco ou menisco articular entre estas. Além dos elementos ósseos, outras estruturas fazem parte dessa articulação, como as apresentadas a seguir.
  - Os **discos intervertebrais** são fibrocartilagens e ocupam o espaço entre os corpos de duas vértebras adjacentes, nas quais está fortemente aderido. Apresentam-se mais finos no meio da região torácica e mais espessos nas regiões cervical e lombar, e, ainda, mais consistentes na região caudal. Cada disco consiste em um ânulo fibroso periférico e um núcleo pulposo mais macio centralmente. O anel fibroso é constituído de lâminas de tecido fibroso e fibrocartilagem e circunda

o núcleo pulposo. Este está posicionado de maneira excêntrica e se concentra comprimido dentro do ânulo fibroso. É constituído de tecido semilíquido, gelatinoso, derivado do notocórdio embrionário. A retenção do núcleo no anel fibroso serve para amortecer choques e difundir forças compressivas as quais a coluna vertebral está sujeita.
- O **ligamento longitudinal ventral** situa-se na superfície ventral dos corpos das vértebras e dos discos intervertebrais aos quais está firmemente inserido. Começa a ser distinto na região torácica média e se estende até o sacro. Em princípio, é uma faixa estreita e fina que vai alargando caudalmente até terminar na superfície pélvica do sacro, espalhando-se e unindo-se ao periósteo. Cranialmente seu papel é desempenhado pelo músculo longo do pescoço. Já o **ligamento longitudinal dorsal** situa-se ao longo do assoalho do canal vertebral, do áxis ao sacro.

Nas articulações **sinoviais** você encontrará as características das articulações dos arcos e articulações intertransversais, bem como a suas localizações.

- Na **articulações dos arcos**, cada vértebra típica apresenta dois pares de processos articulares com facetas que se articulam com as vértebras adjacentes. É uma articulação sinovial do tipo plana realizando movimentos de deslizamento. Além dos elementos ósseos, outras estruturas fazem parte dessa articulação. Veja a seguir.
  - O **ligamento flavo**, também conhecido como ligamento amarelo, liga os arcos de vértebras adjacentes. São membranáceos e consistem essencialmente de tecido elástico.
  - O **ligamento supraespinhal** inicia na protuberância occipital externa dirigindo-se caudalmente sobre as apófises espinhosas dorsais das vértebras até a altura da região sacral.
  - O **ligamento da nuca** é a porção do ligamento supraespinhal colocada sobre a região cervical. Consiste de um ligamento elástico cuja função principal é auxiliar os músculos extensores da cabeça e do pescoço. Estende-se do osso occipital ou do processo espinhoso do áxis até a altura da escápula, onde é diretamente contínuo à parte toracolombar do ligamento supraespinhal. Consiste de duas partes: o funículo da nuca e a lâmina da nuca. O funículo surge da protuberância occipital externa e se insere aos vértices das espinhas vertebrais torácicas. A parte lamelar consiste de duas lâminas separadas medialmente por

uma camada de tecido conjuntivo frouxo. Cada lâmina é formada por digitações que surgem da espinha dorsal das vértebras cervicais e do funículo.
- Os **ligamentos interespinhais** estendem-se entre as apófises espinhosas de vértebras contíguas. Inicia com duas lâminas saindo da porção dorsal do arco do atlas e se inserindo no processo espinhoso do áxis.
- As **articulações intertransversais** são articulações sinoviais do tipo plana, realizando movimentos de deslizamento. Essas articulações são formadas pelos processos transversos da quinta e da sexta vértebras lombares e entre a sexta e a asa do sacro. As superfícies articulares têm formato oval. Nessas articulações estão presentes os ligamentos intertransversais, que são membranas que ligam os processos transversos adjacentes na região lombar.

Região do tórax (costelas e esterno)

Cada costela típica forma duas articulações com a coluna vertebral, uma por sua cabeça e a outra por seu tubérculo. O movimento é de rotação ao redor de um eixo que liga os centros da cabeça e do tubérculo das costelas. O movimento é limitado na parte cranial da série e bastante considerável nas articulações caudais.

Nas articulações **fibrosas** você encontrará a sindesmoses. Nessa divisão, você encontrará as características da articulação costocondral e sua localização. As articulações costocondrais são as articulações encontradas entre as costelas e suas cartilagens costais. Mais precisamente entre a extremidade lateral de cada cartilagem costal e a depressão na extremidade esternal do osso costal, as duas são mantidas unidas pela continuidade de forte periósteo e pericôndrio.

Nas articulações **cartilaginosas** você encontrará as sincondroses e as sínfises.

As **sincondrodes**:

- **Articulação interesternais**: há uma grande variação entre as espécies animais. Nos equinos, em especial nos potros recém-nascidos, os sete segmentos ósseos são unidos por cartilagem persistente (sincondroses interesternebrais). Os dois últimos segmentos coalescem poucas semanas após o nascimento. Nos animais idosos há uma ossificação mais ou menos pronunciada da cartilagem interesternebral que pode levar à fusão de segmentos adjacentes, principalmente os caudais.

- **Ligamento do esterno**: origina-se no primeiro segmento e se divide em três partes. O ramo mediano passa caudalmente e espalha-se no último segmento e cartilagem xifoide. Os ramos laterais, mais espessos e largos, situam-se ao longo das bordas laterais, dorsais às articulações esternocostais, e terminam na cartilagem da oitava costela.

Nos ovinos, assim como nos equinos, a articulação interesternal caracteriza-se por ser uma sincondrose. Já nos bovinos e suínos, caracteriza-se por ser uma articulação do tipo sinovial. A superfície da articulação cranial é côncava e completada lateralmente pela segunda cartilagem costal. Há uma cápsula fechada e as superfícies da articulação estão inseridas uma na outra por um ligamento interarticular. O movimento lateral limitado é possível. Ambas as superfícies do esterno estão cobertas por uma camada de tecido fibroso (membrana esternal).

As **sínfises**:

- **Articulação xifoesternal**: articulação entre o processo xifoide e o corpo do esterno (Figura 2).
- **Articulação manúbrio-esternal**: articulação entre o manúbrio e o esterno (Figura 2).

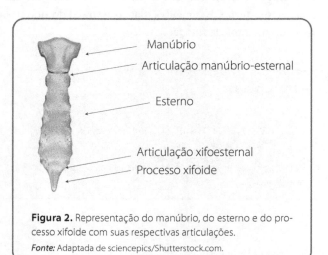

Figura 2. Representação do manúbrio, do esterno e do processo xifoide com suas respectivas articulações.
Fonte: Adaptada de sciencepics/Shutterstock.com.

Nas articulações **sinoviais**, você encontrará as características das articulações costovertebral, costotransversa e esternocostal, bem como a sua localização.

- A **articulação costovertebral** é uma articulação sinovial do tipo trocoide, formada pela junção da cabeça da costela com os corpos de duas vértebras adjacentes e o disco intervertebral. As duas facetas na cabeça das costelas são separadas por um sulco não articular e correspondem às duas facetas côncavas dos corpos vertebrais. A cápsula articular é bastante estreita e está coberta pelos seguintes ligamentos:
    - **Ligamento radiado**: estende-se ventralmente do colo da costela para espalhar-se nos corpos vertebrais e no disco intervertebral.
    - **Ligamento intra-articular da cabeça da costela ou intercapital**: ausente na primeira articulação, está inserido no sulco da cabeça da costela, passa transversalmente dentro do canal vertebral sob o ligamento longitudinal dorsal até a cabeça da costela oposta.
- A **articulação costotransversa** é uma articulação sinovial do tipo plana, formada pela faceta do tubérculo da costela e do processo transverso da vértebra. A cápsula é reforçada pelo **ligamento costotransverso**, que é uma faixa forte e distinta que surge no processo transverso da vértebra e termina na face não articular do tubérculo.
- A **articulação esternocostal** ocorre entre a cartilagem das costelas esternais e o esterno. É uma articulação sinovial do tipo trocoide que realiza movimentos de rotação.

Referências

DYCE, K. M.; SACK, W. O.; WENSING, C. J. G. *Tratado de anatomia veterinária*. Rio de Janeiro: Elsevier, 2004.

KÖNIG, H.; LIEBICH, H. G. *Anatomia dos animais domésticos:* texto e atlas colorido. 6. ed. Porto Alegre: Artmed, 2016.

Articulações do esqueleto apendicular: região torácica

Objetivos de aprendizagem

Ao final deste texto, você deve apresentar os seguintes aprendizados:

- Identificar as características das articulações do esqueleto apendicular da região torácica.
- Demonstrar as articulações do esqueleto apendicular da região torácica.
- Reconhecer as terminologias referentes às articulações do esqueleto apendicular da região torácica.

Introdução

O esqueleto ósseo é dividido em esqueleto axial e esqueleto apendicular. O esqueleto apendicular é dividido em região torácica e região pélvica. Entendemos as articulações como pontos de contato entre estruturas rígidas do esqueleto, sejam ossos, dentes ou cartilagens. O esqueleto apendicular da região torácica também apresenta diversas articulações que o compõem, que variam conforme o tipo estrutural e a função (movimento).

Neste capítulo, você identificará quais articulações estão presentes no esqueleto apendicular da região torácica dos animais domésticos, além de suas funções e sua localização. Esse conhecimento é importante para compreender sua relação com lesões e doenças que podem acometer os animais.

Características das articulações do esqueleto apendicular: região torácica

Segundo Dyce, Sack e Wensing (2004) e König e Liebich (2016), as articulações do esqueleto apendicular da região torácica podem ser classificadas estruturalmente, com base nas suas características anatômicas, e funcionalmente de acordo com o tipo de movimento que possibilitam.

A classificação estrutural das articulações do esqueleto apendicular da região torácica está relacionada, principalmente com o tipo de tecido conjuntivo, que é o meio de união entre as estruturas rígidas, além de presença ou ausência de cavidade articular. Assim, do ponto de vista estrutural, as articulações encontradas no esqueleto apendicular da região torácica podem ser classificadas em: fibrosa, sinsarcose e sinovial. A maior parte das articulações do esqueleto apendicular da região torácica são sinoviais.

Por outro lado, a classificação funcional das articulações tem relação com o grau de movimento que permitem. Funcionalmente, as articulações pertencentes ao esqueleto apendicular da região torácica são classificadas como: sinartrose, anfiartrose e diartrose.

A seção a seguir apresenta a identificação das características das articulações do esqueleto apendicular da região torácica, dividido por regiões, com base em sua classificação estrutural e funcional.

1. **Conexões do membro torácico com o tórax**: nos mamíferos domésticos, em razão da não apresentação da clavícula (ou ser rudimentar), existe a articulação tronco-apendicular superior ou **sinsarcose**, que faz a ligação do membro torácico superior ao esqueleto axial por meio de músculos, tendões e fáscias.
2. **Região do cíngulo do membro superior (ombro)**: na região do ombro, a articulação existente é do tipo **sinovial/diartrose** (como articulação escápulo-umeral).
3. **Região do cotovelo**: nessa região, encontramos articulações do tipo **fibrosa/sinartrose/anfiartrose** (como articulação proximal e distal radioulnar) e **sinovial/diartrose** (como articulação úmerorradioulnar).
4. **Região da mão (carpo, metacarpo e falanges)**: nessa porção do esqueleto apendicular, encontramos apenas articulações **sinovial/diartrose** (como articulações interfalângicas).

Terminologias das articulações do esqueleto axial

Segundo Dyce, Sack e Wensing (2004) e König e Liebich (2016), são diversas as articulações presentes nos animais domésticos, independentemente da espécie. Esta seção também será dividida por regiões para apresentar as articulações do esqueleto apendicular da região torácica com suas respectivas terminologias.

Conexões do membro torácico com o tórax (sinsarcose)

A sinsarcose é também conhecida como **articulação escápulotorácica**. Nos mamíferos domésticos, em razão da não apresentação da clavícula (ou ser rudimentar), existe a articulação tronco-apendicular superior, que faz a ligação do membro torácico superior ao esqueleto axial por meio de músculos, tendões e fáscias. Não é considerada, portanto, uma articulação convencional. Os movimentos realizados são rotação, abdução e adução.

Região do cíngulo do membro superior (ombro) (sinovial)

A **articulação escápulo-umeral** também é conhecida como articulação umeral, do ombro ou do encontro. Essa articulação une a cavidade glenoide da escápula à cabeça do úmero. Embora seja uma articulação tipicamente esferoide na estrutura (com uma gama considerável de movimentos), em razão dos músculos que a circundam, sua amplitude real de movimento é limitada, sendo assim, muitas vezes considerada como articulação tipo gínglimo ou dobradiça. Assim, seus movimentos principais são de flexão e extensão; abdução, adução e rotação são menos proeminentes, especialmente em carnívoros. Nos equinos, os movimentos laterais e mediais são praticamente impossíveis em razão do formato da cabeça do úmero.

Fique atento

A articulação não apresenta ligamentos pericapsulares. Os tendões dos músculos adjacentes (principalmente o subescapular medialmente e o infraespinhal lateralmente) ocupam o lugar de ligamentos.

Região do cotovelo (fibrosa e sinovial)

A região do cotovelo tem articulações fibrosas e sinoviais, veja a seguir as características de cada uma.

Fibrosa

A **sindesmose** é uma articulação de preenchimento entre ossos. É preenchida por uma membrana de tecido mole. Em ungulados adultos, essa membrana se ossifica (processo de sinostose) e, dessa forma, nenhum movimento, mesmo que limitado, é apresentado.

- **Sindesmose radioulnar**: a capacidade de movimentos de rotação do rádio e da ulna perdeu-se em animais de grande porte (sinartrose) e foi reduzida em carnívoros (anfiartrose). Assim, em equinos e ruminantes configura-se como uma sindesmose.

Sinovial

Em carnívoros e suínos, formam-se duas **articulações radioulnares** (proximal e distal) sinoviais do tipo trocoide. A articulação radioulnar proximal é formada pela incisura troclear do rádio e a incisura radial da ulna; por sua vez, a articulação radioulnar distal é formada pela incisura ulnar e a incisura ulnar do rádio.

A articulação radioulnar proximal é sustentada por diversos ligamentos: ligamento anular do rádio e ligamento interósseo do antebraço. O único ligamento da articulação radioulnar distal é o ligamento radioulnar. O movimento que ocorre é de rotação (reduzida), em carnívoros.

A **articulação úmerorradioulnar** também é conhecida como articulação do cotovelo. A articulação do cotovelo é uma articulação composta, formada pelo côndilo do úmero com a incisura troclear (chanfradura semilunar) da ulna e a cabeça (cavidade glenoide) do rádio.

A articulação do cotovelo é do tipo gínglimo ou dobradiça, com amplitude de movimentos restrita a flexão e extensão no plano sagital. Movimentos laterais e rotatórios não ocorrem. As articulações umeroulnar, umerorradial e radioulnar proximal apresentam uma cápsula articular comum.

Há a presença de ligamentos colaterais que se prolongam desde o epicôndilo lateral e medial do úmero até o rádio e a ulna. São eles:

- **Ligamento colateral lateral (radial)**: é curto e espesso, está inserido em uma depressão no epicôndilo lateral do úmero e distalmente na tuberosidade lateral do rádio.
- **Ligamento colateral medial (ulnar)**: é longo, fino e divide-se em superficial e profundo. É inserido no epicôndilo medial do úmero e termina na borda medial do rádio.
- **Ligamento anular**: em cães e gatos, estende-se entre os ligamentos colaterais.

Observe a seguir a Figura 1.

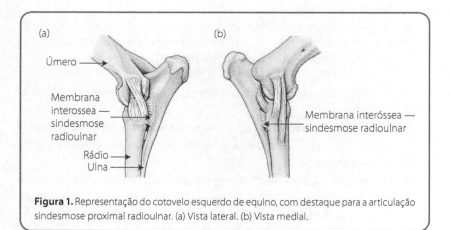

Figura 1. Representação do cotovelo esquerdo de equino, com destaque para a articulação sindesmose proximal radioulnar. (a) Vista lateral. (b) Vista medial.

Região da mão (carpo, metacarpo e falanges)

Existem apenas articulações sinoviais, divididas em articulações do carpo, articulações intermetacarpais e articulações falângicas.

Articulações do carpo

As articulações do carpo são articulações compostas que incluem as seguintes articulações:

- **Articulação antebraquiocarpal**: ocorre entre o rádio e a ulna e a fileira proximal dos ossos carpais. Esta articulação é dividida em articulação

radiocarpal e articulação carpoulnar. É uma articulação do tipo gínglimo em equino, ruminantes e suínos, com movimentos de flexão e extensão (movimentos de dobradiça), e elipsóidea em carnívoros, que, além dos movimentos de dobradiça, realizam também movimentos de abdução e adução.
- **Articulação mediocarpal**: ocorre entre as fileiras proximal e distal dos ossos do carpo. Também é uma articulação composta do tipo gínglimo, com movimentos de dobradiça.
- **Articulação intercarpal**: ocorre entre os ossos individuais de cada fileira, apresentando-se como do tipo sinovial plana. O movimento que pode realizar é de translação, porém com amplitude de movimentos bastante reduzida.
- **Articulação carpometacarpal**: ocorre entre os ossos distais do carpo e os ossos metacarpais. É articulação do tipo sinovial plana, que não permite nenhum movimento significativo.

Há diversos ligamentos encontrados na articulação do carpo, sendo eles:

- **Ligamento colateral lateral longo**: inserido no processo estiloide lateral do rádio e estende-se até a extremidade proximal do quarto metacarpiano.
- **Ligamento colateral medial longo**: semelhante ao anterior, porém mais forte e mais largo distalmente. Se prolonga desde o processo estiloide medial do rádio até o segundo e o terceiro metacarpianos.
- **Ligamentos curtos**: conectam o osso pisiforme à ulna, ao osso piramidal, ao osso hamato (carpal IV) e aos metacarpais IV e V.
- **Ligamentos verticais**: conectam as articulações principais.
- **Ligamentos horizontais**: unem os ossos vizinhos da mesma fileira.

Articulações intermetacarpais

Os ossos metacarpais se articulam uns com os outros em suas extremidades proximais em carnívoros e suínos. Em ruminantes, os ossos metacarpais III e IV remanescentes estão fusionados e não há movimentação possível. Embora haja pequenas articulações entre as extremidades proximais do metacarpo II-IV e o metacarpo III no equino, o movimento é bastante reduzido, em decorrência da presença do ligamento interósseo entre o corpo dos ossos metacarpais, o qual sofre sinostose.

Articulações falângicas

As articulações falângicas são divididas em três: articulações metacarpofalângicas, interfalângicas proximais e interfalângicas distais.

As **articulações metacarpofalângicas** também são conhecidas como articulação do boleto, e estão presentes especialmente em grandes animais. Ocorre entre a extremidade distal dos ossos metacarpais e as extremidades proximais das primeiras falanges e os ossos sesamoides proximais. Estes articulam-se com a face palmar da extremidade distal do metacarpo.

Há presença de ligamentos na forma de ligamentos colaterais, sesamoides e interdigitais em animais com mais de um dedo. Os ligamentos sesamoides podem ser divididos em ligamentos proximal, médio e distal. O ligamento proximal é substituído pelos músculos interósseo ou, no caso dos ruminantes e equinos, pelo ligamento suspensor, o resquício tendinoso do músculo interósseo medial.

As articulações metacarpofalângicas são sinoviais do tipo gínglimo, apresentando movimentos angulares, especialmente flexão e extensão.

As **articulações interfalângicas proximais** também são conhecidas como articulações da quartela, especialmente em grandes animais. Ocorre entre a extremidade distal das primeiras falanges e as extremidades proximais das falanges médias.

Articulações interfalângicas proximais são articulações sinoviais do tipo selar, em razão do formato côncavo-convexo de suas faces articulares (ou seja, pela estrutura anatômica), contudo, ao analisar seus movimentos, encaixam-se como gínglimo, realizando movimentos angulares (flexão e extensão) e amplitude limitada de movimentos laterais. Cada articulação tem uma cápsula com bolsas dorsal e palmar, ligamentos colaterais (equinos), ligamentos palmares (suínos e ruminantes) ou ambos (carnívoros).

As **articulações interfalângicas distais** também são conhecidas como articulações do casco, especialmente em grandes animais, ou da úngula, em carnívoros. Ocorrem entre a extremidade distal das falanges médias e a superfície articular das falanges distais e o osso sesamoide distal.

Como há grandes variações no esqueleto da mão dos animais domésticos, em especial na região das falanges, observa-se também nas articulações dessa região.

Características das articulações falângicas em diferentes ordens de animais

Os **carnívoros** apresentam cinco **articulações metacarpofalângicas**, correspondentes à quantidade de dedos. Essas articulações são formadas pela tróclea distal dos ossos metacarpais de I a V e pela face articular proximal das primeiras falanges juntamente com dois ossos sesamoides proximais para cada articulação. Os movimentos realizados são flexão e extensão, com considerável grau de abdução e adução. É uma articulação selar. Cada articulação apresenta uma cápsula articular. Há presença de vários ligamentos: ligamentos colaterais e ligamentos dos ossos sesamoides proximais (proximais, médios e distais).

As **articulações interfalângicas proximais** são formadas pelas extremidades distais das falanges proximais e pelas fossas articulares proximais das falanges médias II a V. O primeiro dedo não apresenta uma articulação interfalângica proximal. São articulações selares com movimentos de flexão e extensão. Os ligamentos colaterais são os únicos ligamentos que conectam a articulação verticalmente nas faces lateral e medial.

As **articulações interfalângicas distais** ocorrem entre a tróclea distal das falanges médias e as fossas articulares das falanges distais. São articulações selares. Cada articulação apresenta um ligamento colateral lateral e outro medial, além de ligamentos elásticos dorsalmente. De nota, o cão apresenta dois ligamentos elásticos longos e os gatos, além dos elásticos longos, apresentam um único ligamento dorsal curto que, pela sua posição anatômica, permite a flexão da articulação interfalângica distal e, portanto, a projeção da garra.

Nos **ruminantes**, as **articulações metacarpofalângicas** são formadas pela tróclea das extremidades distais separadas dos ossos metacarpais III e IV, pela face articular da primeira falange e por dois ossos sesamoides proximais na face palmar. São articulações sinoviais do tipo gínglimo, em dobradiça. Os ligamentos da articulação metacarpofalângicas podem ser divididos em: ligamento interdigital proximal, ligamentos colaterais axial e abaxial, ligamentos sesamoides proximal, médio e distal e ligamentos médios da articulação metacarpofalângica (palmares medial e lateral, sesamoides interdigitais e sesamoides colaterais). Os ligamentos sesamoides cruzados, os ligamentos sesamoides oblíquos e os ligamentos falangossesamoides interdigitais promovem a sustentação distal da articulação metacarpofalângica.

Temos também as **articulações interfalângicas proximais**, que são articulações selares formadas pela tróclea distal da primeira falange e pela face articular proximal da segunda falange. Cada articulação é sustentada por ligamentos colaterais axiais e abaxiais. Três ligamentos palmares (axial, abaxial e central) fornecem mais sustentação para cada articulação interfalângica proximal. O ligamento anular palmar, o ligamento digital anular distal e proximal e o ligamento interdigital distal fornecem sustentação aos tendões flexores na face palmar.

As **articulações interfalângicas distais** são articulações selares formadas pela tróclea distal das segundas falanges, pelas faces articulares das terceiras falanges e pelo osso sesamoide distal ou navicular na face palmar. Cada articulação é sustentada pelos seguintes ligamentos: ligamentos interdigitais distais, ligamento dorsal das articulações interfalângicas distais, ligamentos colaterais axiais e abaxiais e ligamentos do osso sesamoides distal.

Nos **equinos**, a **articulação metacarpofalângica** é uma articulação composta formada pela tróclea do osso metacarpal III, pela face articular proximal da primeira falange e pelos ossos sesamoides proximais. É uma articulação do tipo gínglimo, com movimentos de flexão e extensão, permitindo apenas uma movimentação lateral limitada. A sustentação da articulação metacarpofalângica por ligamentos consiste em: ligamentos colaterais, ligamentos proximais, médios e distais, ligamento metacarpointersesamoide, ligamentos médios dos sesamoides proximais (palmar e colaterais medial e lateral) e ligamentos sesamoides distais (sesamoides retos, sesamoides oblíquos, sesamoides cruzados, sesamoides curtos e suspensórios).

Você também encontrará a **articulação interfalângica proximal**, que se forma por meio da junção da tróclea da primeira falange com a extremidade proximal da segunda falange. É uma articulação selar com amplitude limitada de movimentos. Os ligamentos que fazem parte são: ligamentos colaterais e ligamentos palmares (centrais, axial e abaxial, sesamoides retos e palmares lateral e medial).

Finalmente, há a **articulação interfalângica distal**, que é uma articulação composta formada pela tróclea distal da segunda falange, pela terceira falange e pelo osso sesamoide distal (osso navicular). É uma articulação selar, com movimentos principais de flexão e extensão e movimentos laterais e rotatórios com amplitude bastante limitada. Os ligamentos presentes são: ligamentos colaterais medial e lateral, ligamentos do osso sesamoide distal (sesamoide distal ímpar e sesamoides colaterais) e ligamentos das cartilagens da falange distal (condroungulocompedais, condrocoronais medial e lateral, colaterais condroungulares medial e lateral, condrossesamoides medial e lateral, condroungulares cruzados e condropulvinar).

Referências

DYCE, K. M.; SACK, W. O.; WENSING, C. J. G. *Tratado de anatomia veterinária*. Rio de Janeiro: Elsevier, 2004.

KÖNIG, H.; LIEBICH, H. G. *Anatomia dos animais domésticos:* texto e atlas colorido. 6. ed. Porto Alegre: Artmed, 2016.

Articulações do esqueleto apendicular: região pélvica

Objetivos de aprendizagem

Ao final deste texto, você deve apresentar os seguintes aprendizados:

- Identificar as características das articulações localizadas na região pélvica.
- Demonstrar as articulações localizadas na região pélvica.
- Reconhecer a terminologia referente às articulações localizadas na região pélvica.

Introdução

O esqueleto ósseo é dividido em esqueletos axial e apendicular. O esqueleto apendicular é dividido em região torácica e região pélvica. Entendemos as articulações como pontos de contato entre estruturas rígidas do esqueleto, sejam ossos, dentes ou cartilagens. O esqueleto apendicular da região pélvica também apresenta diversas articulações que o compõem, que variam conforme o tipo estrutural e a função (movimento).

Neste capítulo, você vai identificar quais articulações estão presentes no esqueleto apendicular da região pélvica dos animais domésticos, além de suas funções e sua localização. Esse conhecimento é importante para compreender sua relação com lesões e doenças que podem acometer os animais.

Características das articulações do esqueleto apendicular

Segundo Dyce, Sack e Wensing (2004) e König e Liebich (2016) as articulações do esqueleto apendicular da região pélvica podem ser classificadas estruturalmente com base nas suas características anatômicas e funcionalmente de acordo com o tipo de movimento que possibilitam.

A classificação estrutural das articulações do esqueleto apendicular da região pélvica está relacionada, principalmente, com o tipo de tecido conjuntivo, que é o meio de união entre as estruturas rígidas, além da presença ou da ausência de cavidade articular. Assim, do ponto de vista estrutural, as articulações encontradas no esqueleto apendicular da região pélvica podem ser classificadas em fibrosa, cartilaginosa e sinovial. A maior parte das articulações do esqueleto apendicular da região pélvica é sinovial.

Por outro lado, a classificação funcional das articulações tem relação com o grau de movimento que permitem. Funcionalmente, as articulações pertencentes ao esqueleto apendicular da região pélvica são classificadas como sinartrose, anfiartrose e diartrose.

A seção a seguir apresenta a identificação das características das articulações do esqueleto apendicular da região pélvica, dividido por regiões, com base em sua classificação estrutural e funcional.

- **Região do cíngulo pélvico**: nessa região, as articulações existentes são **cartilaginosas/anfiartroses** (como sínfise pélvica) e **sinovial/diartrose** (como articulação sacroilíaca).
- **Região da coxa**: nessa região do esqueleto, a articulação existente é apenas **sinovial/diartrose** (como articulação coxofemoral).
- **Região do joelho**: nesse local, as articulações encontradas são do tipo **fibrosas/sinartroses** (como sindesmose tibiofibular distal) e **sinoviais/diartroses** (como articulação tibiofibular proximal).
- **Região do pé**: nessa porção do esqueleto pélvico, encontramos apenas articulações **sinoviais/diartroses** (como articulação tarsocrural).

Terminologias das articulações do esqueleto apendicular

Segundo Dyce, Sack e Wensing (2004) e König e Liebich (2016), são diversas as articulações presentes nos animais domésticos, independentemente da espécie. Esta seção também será dividida por regiões para apresentar as articulações do esqueleto apendicular da região pélvica com suas respectivas terminologias.

Região do cíngulo pélvico (cartilaginosa e sinovial)

A região do cíngulo pélvico tem articulação **cartilaginosa**. Veja a seguir as suas características.

O membro pélvico se une ao esqueleto axial (tronco) por meio do cíngulo do membro pélvico, ou cintura pélvica, que é constituído pela combinação dos ossos ílio, ísquio e púbis, que, em conjunto, formam o osso coxal, um para cada lado do corpo. Os ossos coxais são unidos medioventralmente por uma cartilagem fibrosa para formar a sínfise pélvica. A **sínfise pélvica** é formada pela porção púbica e cranial e pela porção isquiática, caudal. A sínfise púbica se ossifica com a idade (sinostose), enquanto a isquiática permanece não ossificada na maioria das espécies. Contudo, nos machos o processo de ossificação ocorre precocemente, enquanto nas fêmeas, em razão da reprodução, é mais tardio, uma vez que a distensão da articulação é importante para facilitar a passagem do filhote no canal do parto.

A região do cíngulo pélvico possui articulação **sinovial**, veja a seguir as suas características.

A **articulação sacroilíaca** faz a união óssea entre a coluna (sacro) e o membro pélvico, sendo formada pelas faces auriculares da asa do ílio e da asa do sacro. É uma articulação sinovial do tipo plana, realizando movimentos de deslizamento, com as faces auriculares firmemente apostas e cobertas por cartilagem. A cápsula articular se encaixa próxima à articulação e é reforçada pelos **ligamentos sacroilíacos ventrais**, que têm a função de fixar o sacro ao ílio.

Outros ligamentos sacroilíacos são: **ligamentos sacroilíacos interósseos** (entre a tuberosidade ilíaca da asa do ílio e a face dorsal da asa do sacro) e **ligamentos sacroilíacos dorsais**, os quais dividem-se em **ramo curto** (entre a tuberosidade sacral e os processos papilares — carnívoros e suínos — ou os processos espinhosos — ruminantes e equinos — do sacro) e **ramo longo** (entre a tuberosidade sacral e a parte lateral do sacro).

Fique atento

O **ligamento sacrotuberal** é um cordão fibroso no cão que se prolonga entre o processo transverso das últimas vertebras sacrais e a tuberosidade isquiática, sendo inexistente no gato. Nos ungulados, se prolonga em uma ampla lâmina entre a parte lateral do sacro nos bovinos ou nos processos transversos das primeiras vértebras caudais nos equinos e suínos, e a margem dorsal do ílio e do ísquio, sendo, portanto, conhecido como **ligamento sacrotuberal largo** nessas espécies.

Região da coxa (sinovial)

A **articulação coxofemoral**, também conhecida como articulação do quadril, é formada por cabeça do fêmur e acetábulo (cavidade cotiloide do quadril). É uma articulação sinovial do tipo esferoide.

Essa articulação é capaz de todos os movimentos de uma articulação esferoidal: flexão, extensão, abdução, rotação e circundução (embora este seja menos pronunciado nos animais domésticos). Contudo, em ungulados, a amplitude de movimentos é em grande parte restrita à flexão e à extensão com capacidade limitada de rotação, adução e abdução. A restrição de movimentos vista nessa articulação se deve ao formato da cabeça do fêmur, aos ligamentos intra-articulares e aos músculos femorais. Essas estruturas permitem uma amplitude maior de movimentos no cão e no gato em comparação com outras espécies domésticas.

Os ligamentos presentes na articulação coxofemoral são:

- **ligamento da cabeça do fêmur:** também conhecido como ligamento redondo, estende-se desde a fóvea da cabeça do fêmur até a chanfradura acetabular;
- **ligamento acessório do fêmur:** estende-se da fóvea da cabeça do fêmur até o sulco do ligamento acessório, colocando-se ventralmente. Fixa o fêmur no acetábulo. Esse ligamento existe apenas nos equinos, o que os impedem, por exemplo, de movimentos como coicear para o lado.

Região do joelho (fibrosa e sinovial)

É também conhecida como articulação femorotibiopatelar, uma articulação composta formada pelas articulações femoropatelar, femorotibial e tibiofibular.

A região do joelho tem uma articulação fibrosa chamada sindesmose. A sindesmose é uma articulação de preenchimento entre ossos. É preenchida por uma membrana de tecido mole.

- **Sindesmose tibiofibular**: as articulações tibiofibulares variam conforme a espécie animal, em decorrência da redução da fíbula característica de cada espécie. Em carnívoros, observa-se sindesmose tibiofibular entre os corpos dos dois ossos. Nas outras espécies, forma-se uma sindesmose na porção distal da tíbia e da fíbula.

A região do joelho também tem articulações chamadas femorotibial, femoropatelar e tibiofibular.

A **articulação femorotibial** forma-se entre os côndilos do fêmur e a extremidade proximal da tíbia. Há a presença de meniscos articulares, que são fibrocartilagens semilunares, com uma face proximal côncava voltada para o côndilo femoral e uma face distal achatada voltada para a tíbia. É uma articulação sinovial do tipo condilar e, embora uma articulação condilar permita como movimentos principais flexão e extensão, a presença do menisco favorece para que haja um grau limitado de movimento rotacional à articulação.

Os ligamentos das articulações femorotibiais podem ser divididos em:

- **ligamentos dos meniscos:** ligamentos tibiais craniais dos meniscos, ligamentos caudais dos meniscos, ligamento meniscofemoral e ligamento transverso do joelho (este último presente nos carnívoros e, às vezes, nos bovinos);
- **ligamentos femorotibiais:** ligamentos colaterais lateral e medial, ligamentos cruzados do joelho cranial e caudal e ligamento poplíteo oblíquo.

A **articulação femoropatelar** é uma articulação formada pela face articular da patela e do fêmur, classificada como sinovial do tipo gínglimo ou troclear. Os ligamentos da articulação femoropatelar incluem: retináculos patelares (filamentos de tecido conectivo), ligamentos femoropatelares (medial e lateral) e ligamento patelar médio. O ligamento patelar único é presente em carnívoros, suínos e pequenos ruminantes, sendo idêntico ao ligamento femoropatelar médio das outras espécies.

Já a **articulação tibiofibular**, que se localiza na porção proximal da tíbia com a fíbula, é uma articulação sinovial do tipo plana que realiza movimentos de deslizamento, embora pouco pronunciados. Em carnívoros, as porções tanto proximais quanto distais são sinoviais do tipo plana.

Região do pé (sinoviais)

Existem apenas articulações sinoviais. São formadas por tarso, metatarso e falanges.

A **articulação do tarso** é também conhecida como articulação do jarrete, especialmente em grandes animais. É uma articulação composta formada pelas articulações tarsocrurais, intertarsais proximais, intertarsais distais, intratarsais e tarsometatarsais.

- **Articulação tarsocrural ou talocrural**: também conhecida como articulação do tornozelo, é uma articulação formada entre a tróclea do osso tálus e a extremidade distal da tíbia e entre o calcâneo e a extremidade distal da fíbula ou o maléolo lateral (este último no caso dos ruminantes). Nos equinos, a articulação tarsocrural só é formada entre a tíbia e o tálus, uma vez que nessa espécie a extremidade distal da fíbula está incorporada à tíbia. É uma articulação sinovial do tipo gínglimo. Os movimentos principais são de flexão e extensão.
- **Articulação intertarsal proximal**: é uma articulação sinovial do tipo plana. Pode ser dividida em articulações talocalcâneas central e proximal e articulação dos ossos central do tarso, tarsal IV e distal. Os movimentos são pouco pronunciados, sendo de deslizamento.
- **Articulação intertarsal distal**: é uma articulação sinovial do tipo plana formada pelo osso central do tarso proximalmente e pelos ossos pequenos do tarso distalmente, especialmente o osso társico terceiro. Apresenta movimentos de deslizamento (muito pouco pronunciados).
- **Articulação intratarsal**: é uma articulação sinovial do tipo plana formada pelos ossos da mesma fileira. Apresenta movimentos de deslizamento (muito pouco pronunciados).
- **Articulação tarsometatarsal**: articulação formada pelos ossos distais do tarso com os ossos metatarsais. É uma articulação sinovial do tipo plana. Apresenta movimentos de deslizamento (muito pouco pronunciados).

Há diversos ligamentos que fazem parte das articulações tarsais, tais como:

- **ligamento colateral lateral longo:** entre o maléolo lateral e a base dos ossos metatarsais laterais, fixando-se também aos ossos laterais do tarso;
- **ligamento colateral lateral curto:** percorre sob o ligamento colateral lateral longo, originando-se do maléolo lateral, com um ramo fixando-se no calcâneo e o outro no tálus;
- **ligamento colateral medial longo:** entre o maléolo medial e a base dos ossos metatarsais mediais, fixando-se também aos ossos tarsais mediais;
- **ligamento colateral medial curto:** surge do maléolo medial, sob o ligamento colateral medial longo e se divide em dois ramos, um fica no tálus e o outro no calcâneo. Em carnívoros e ruminantes, um ramo adicional se projeta aos ossos metatarsais mediais;
- **ligamento tarsal dorsal, ligamento plantar longo, ligamentos curtos e fáscias (retináculos):** conectam os espaços articulares nas direções vertical, horizontal e oblíqua nas faces dorsal e plantar do jarrete.

As **articulações metatarsais** não diferem de seus equivalentes das articulações correspondentes ao membro torácico, seja na classificação estrutural ou funcional.

Por fim, há as **articulações falângicas**, que não diferem de seus equivalentes das articulações correspondentes ao membro torácico, seja na classificação estrutural, seja na classificação funcional.

Referências

DYCE, K. M.; SACK, W. O.; WENSING, C. J. G. *Tratado de anatomia veterinária*. Rio de Janeiro: Elsevier, 2004.

KÖNIG, H.; LIEBICH, H. G. *Anatomia dos animais domésticos:* texto e atlas colorido. 6. ed. Porto Alegre: Artmed, 2016.

Classificação anatômica e funcional dos músculos

Objetivos de aprendizagem

Ao final deste texto, você deve apresentar os seguintes aprendizados:

- Apresentar os músculos presentes nos animais domésticos.
- Classificar os músculos quanto à função.
- Descrever os músculos quanto à localização.

Introdução

Miologia é a matéria da anatomia que estuda os músculos. Os músculos são estruturas que apresentam a propriedade de contrair-se, isto é, diminuem de comprimento sob a influência de um estímulo, o qual é proveniente do sistema nervoso. O aparelho locomotor é constituído por ossos, articulações e músculos, sendo que estes últimos são elementos ativos do movimento, enquanto os ossos e as articulações são elementos passivos, sendo verdadeiras alavancas biológicas.

A musculatura não assegura só a dinâmica, mas também a estática do corpo. Realmente, a musculatura não apenas torna possível o movimento, como também mantém unidas as peças ósseas, determinando a posição e a postura do esqueleto.

Dessa forma, o conhecimento acerca da estrutura muscular, suas funções e sua localização são importantes para compreender sua relação com lesões e doenças que podem acometer os animais.

Músculos presentes nos animais domésticos

Segundo Dyce, Sack e Wensing (2004) e König e Liebich (2016), há várias características que os músculos apresentam que servem também como forma de identificá-los. Em organismos filogeneticamente avançados, as células mesodérmicas (camada intermediária do embrião) se desenvolveram em células capazes de contração (somitos) e seus derivados. Essa população celular se diferencia em tecido muscular, o qual transforma energia química em energia mecânica ou em calor. Pode-se distinguir o tecido muscular em dois grandes grupos, conforme sua fisiologia e função: tecido muscular liso e tecido muscular estriado.

Fique atento

Tecido muscular liso: apresenta contratilidade lenta e é vermelho pálido ou creme. São chamados involuntários porque suas atividades não estão sob influência da vontade do indivíduo. Entra na constituição das paredes de muitos órgãos internos, reveste os ductos excretores de glândulas e forma as paredes dos vasos sanguíneos e linfáticos.
Tecido estriado: dividido em cardíaco (involuntário com autorritmicidade) e esquelético (voluntário).

Os músculos desempenham diversas funções no organismo, tais como:

- **produção dos movimentos corporais:** movimentos globais do corpo, como andar e correr;
- **estabilização das posições corporais:** a contração dos músculos esqueléticos estabiliza as articulações e participa da manutenção das posições corporais, como a de ficar em pé ou sentar;
- **regulação do volume dos órgãos:** a contração sustentada das faixas anelares dos músculos lisos (como nos esfíncteres) pode impedir a saída do conteúdo de um órgão oco;
- **movimento de substâncias dentro do corpo:** as contrações dos músculos lisos das paredes dos vasos sanguíneos regulam a intensidade do fluxo. Os músculos lisos também podem mover alimentos, urina e gametas do sistema reprodutivo. Os músculos esqueléticos promovem o fluxo de linfa e o retorno do sangue para o coração;
- **produção de calor:** quando o tecido muscular se contrai, ele produz calor e grande parte desse calor liberado pelo músculo é usado na manutenção da temperatura corporal.

Componentes anatômicos dos músculos estriados esqueléticos

Nos organismos multicelulares, as células musculares têm as propriedades de contratilidade e condutividade. Assim, sua disposição sugere que elas sejam chamadas de fibras, e não de células. O músculo esquelético consiste em feixes de fibras multinucleadas, em que cada fibra contém miofibrilas dispostas longitudinalmente em uma matriz de sarcoplasma que está limitada por uma membrana fina, o sarcolema. Ao redor de cada fibra, externamente ao sarcolema, há uma fina camada de tecido conjuntivo (**endomísio**). Cada feixe de fibras (**fascículos**) está circundado por uma maior quantidade de tecido conjuntivo (**perimísio**). A camada externa ao redor de todo o músculo é o **epimísio**.

Os elementos do tecido conjuntivo do músculo são contínuos com o tecido conjuntivo pelo qual o músculo se insere no esqueleto ou em outros músculos. As membranas de tecido conjuntivo que separam os músculos uns dos outros e os firmam na posição são denominadas de **fáscia**, sendo que sua espessura varia de músculo para músculo, dependendo de sua função. Às vezes, a fáscia muscular é muito espessa e pode contribuir para prender o músculo ao esqueleto. Para que os músculos possam exercer eficientemente um trabalho de tração ao se contrair, é necessário que eles estejam dentro de uma bainha elástica de contenção, papel executado pela fáscia dos músculos, o que permite, inclusive, o fácil deslizamento dos músculos entre si. Em certos locais, a fáscia muscular pode se apresentar espessada e dela partem prolongamentos que vão terminar se fixando ao osso, sendo denominados septos intermusculares. Estes separam grupos musculares em compartimentos e ocorrem frequentemente nos membros.

Algumas fibras são escuras (vermelhas) e outras são claras (brancas), sendo que as contrações das fibras escuras são tônicas e sustentadas por períodos relativamente prolongados, mas com pouca força. As fibras claras, por sua vez, contraem-se fasicamente, com a amplitude das contrações aumentando até um pico e depois sendo seguida por relaxamento.

Um músculo esquelético típico tem uma porção média e duas extremidades. A porção média é carnosa e vermelha (pela mioglobina) *in vivo*, recebendo o nome de ventre muscular. Nele predominam as fibras musculares, sendo, portanto, a parte ativa do músculo, isto é, a parte contrátil. Quando as extremidades são cilíndricas ou então têm a forma de fita, chamam-se tendões. Por sua vez, quando laminares, recebem o nome de aponeuroses.

Tanto tendões quanto aponeuroses são esbranquiçados e brilhantes, muito resistentes e praticamente inextensíveis, constituídos por tecido fibroso denso. Tendões e aponeuroses servem para prender o músculo ao esqueleto, as exceções são ligar os músculos em cartilagem, cápsulas articulares, septos intermusculares, derme e tendão de outro músculo. Muitas vezes, as fibras têm dimensões tão reduzidas que há a impressão de que o ventre muscular se prende diretamente ao osso.

O volume dos músculos varia muito, o que se observa, por exemplo, ao comparar a diferença entre o músculo gêmeos e o oblíquo externo do abdômen. O peso dos músculos varia de poucas gramas a quilogramas e o peso total da massa muscular corresponde a ± 50% do peso total do corpo, mas é variável em função de espécie, raça, idade e sexo. O número de músculos é bastante variável, uma vez que varia o número de ossos nas diversas espécies animais. No equino, por exemplo, o número é de ± 500.

Quase todos os músculos são pares, isto é, encontram-se em ambos os lados do plano longitudinal médio. Poucos são os músculos ímpares, ou seja, situados no plano mediano longitudinal, tais como o diafragma e o esfíncter anal. Tanto os músculos pares quanto os músculos ímpares são relativamente simétricos, com exceção do diafragma, que apresenta notável assimetria. A linha mediana que assinala a união dos músculos pares correspondentes denomina-se rafe.

A musculatura também apresenta membrana sinovial, que são bolsas de paredes delgadas, análogas às membranas sinoviais das articulações, que desempenham a função de permitir o deslizamento muscular. Apresentam-se em duas formas:

- **bolsa sinovial:** é uma simples bolsa que se interpõe entre um ponto de bastante pressão, situando-se entre tendão e músculo ou entre músculo e esqueleto;
- **bainha sinovial:** está disposta ao redor do tendão, apresentando duas capas, interna (aderida ao tendão) e externa (reveste o canal onde se acha o tendão).

Outras estruturas importantes são a chamada linha branca e o canal inguinal. A linha branca, alba ou alva, é um cordão fibroso que segue na linha mediana ventral desde a cartilagem xifoide até a extremidade cranial da sínfise pélvica. A linha alba serve de ponto de inserção para os músculos abdominais de ambos os lados. O canal inguinal é uma fenda existente na parede abdominal na altura da virilha, entre a parte carnuda do músculo oblíquo interno do abdômen de um lado e a porção lateral da aponeurose do músculo oblíquo externo do outro. As paredes são justapostas e unidas por tecido areolar, exceto por onde passam as estruturas. O anel inguinal profundo é a entrada abdominal do canal, situado na borda livre do músculo oblíquo interno. Já a saída do canal, o anel inguinal superficial, está contido entre os dois ramos da aponeurose do músculo oblíquo externo. Pelo canal passam, no macho, os componentes do funículo espermático e, em ambos os sexos, conduz também a artéria e a veia (geralmente) pudendas externas, o nervo genitofemoral e os vasos eferentes dos linfonodos inguinais superficiais (escrotais ou supramamários). A saída de órgãos para o canal, e através dele, constitui a hérnia inguinal.

Alguns músculos apresentam uma estrutura diferenciada, tais como o músculo esfíncter, o músculo orbicular e o músculo cutâneo. O músculo esfíncter apresenta fibras dispostas em círculos paralelos, formando verdadeiros anéis, como segmentos de tubos (por exemplo, esfíncter anal). No caso do músculo orbicular, as fibras também se distribuem formando círculos, porém, estes são concêntricos, resultando em músculos grandes, porém planos. Os esfíncteres são anexos às vísceras e estão normalmente em contração, relaxando-se sob o estímulo da vontade, enquanto que os orbiculares apresentam o mesmo tônus que os outros, isto é, o seu estado normal é em relaxamento, entrando em contração sob a ação da vontade.

O músculo cutâneo, por sua vez, é uma delgada capa muscular desenvolvida na fáscia superficial. Está aderida à pele e fixado ao restante do esqueleto de modo muito frouxo. Não cobre todo o corpo e pode ser dividido em quatro porções:

- **porção facial:** está representada pelo músculo cutâneo da face. Consiste em uma delgada capa muscular, de um modo geral incompleta;
- **porção cervical:** está representada pelo músculo cutâneo do pescoço e encontra-se na região ventral do pescoço;
- **porção braquial:** está representada pelo músculo cutâneo omobraquial. Cobre a face externa do ombro e do braço;
- **porção abdominal:** está representada pelo músculo cutâneo do tronco, popularmente conhecido como matambre.

Classificação dos músculos

Segundo Dyce, Sack e Wensing (2004) e König e Liebich (2016), há várias formas de se classificar os músculos, as quais estão descritas a seguir.

Classificação dos músculos quanto à situação

Quanto à situação, os músculos podem ser divididos em:

- **superficiais ou cutâneos:** músculos localizados logo abaixo da pele e apresentam no mínimo uma de suas inserções na camada profunda da derme. Estão localizados na cabeça, no pescoço, no braço e no abdômen. Exemplo: músculo cutâneo do tronco;
- **profundos ou subaponeuróticos:** são músculos que não apresentam inserções na camada profunda da derme e, na maioria das vezes, se inserem em ossos. Estão localizados a seguir da fáscia superficial. Exemplo: pronador quadrado.

Classificação dos músculos quanto à forma

Quanto à forma, os músculos podem ser classificados em:

- **longos:** músculos encontrados especialmente nos membros. Os mais superficiais são os mais longos, podendo passar duas ou mais articulações. Os músculos longos, principalmente nos membros, são fusiformes. Em determinadas regiões, os músculos superficiais são sempre mais longos que os profundos. Exemplo: bíceps braquial;
- **curtos:** músculos de tamanho reduzido e que são responsáveis por movimentos de pouca extensão (amplitude) e muita força. Encontram-se nas articulações cujos movimentos têm pouca amplitude, o que não exclui força nem especialização. Exemplo: músculos da mão.

Classificação dos músculos quanto à disposição da fibra

Quanto à disposição das fibras, os músculos podem ser:

- **reto:** músculos paralelos à linha média. Exemplo: músculo reto abdominal;

- **transverso:** músculos que estão perpendiculares à linha média. Exemplo: músculo transverso do tórax;
- **oblíquo:** músculos que são diagonais à linha média. Exemplo: oblíquo externo do abdômen.

Classificação dos músculos quanto à função

Quanto à função, os músculos podem ser classificados em:

- **músculos agonistas:** um músculo ou grupo de músculos que produzam um determinado movimento (ação). São os agentes principais na execução de um movimento. Geralmente são os músculos que se contraem ativamente;
- **músculos antagonistas:** músculos que se opõem ativamente a um determinado movimento produzido por outro músculo ou grupo de músculos. Têm ação anatômica oposta à dos agonistas, seja para regular a rapidez ou a potência dessa ação;
- **músculos sinergistas:** são aqueles que podem eliminar um efeito indesejável nas articulações intermediárias atravessadas pelos agonistas, modificando a ação de um agonista e não se opondo ou facilitando diretamente um determinado movimento. Músculos que se contraem ao mesmo tempo dos agonistas, porém, não são considerados os principais responsáveis pelo movimento ou pela manutenção da postura;
- **músculo fixador:** são músculos utilizados para estabilizar partes do corpo em uma posição para permitir a atuação dos agonistas.

Classificação dos músculos quanto à ação muscular

Quanto à ação, os músculos podem ser classificados em:

- **flexores/extensores:** por exemplo, músculo flexor superficial dos dedos e músculo extensor comum dos dedos;
- **abdutores/adutores:** por exemplo, músculo adutor e músculo abdutor caudal da perna;
- **rotadores internos/externos:** por exemplo, músculos pronadores e supinadores.

Classificação dos músculos quanto ao ventre muscular

Quanto ao número de ventres, os músculos podem ser:

- **monogástricos:** quando apresentam um ventre muscular. Exemplo: músculo braquial;
- **digástricos:** quando apresentam dois ventres musculares, com tendões intermediários situados entre eles. Exemplo: músculo digástricos;
- **poligástricos:** quando apresentam mais do que três ventres. Exemplo: músculo reto do abdômen.

Classificação dos músculos quanto ao número de cabeças

Quando os músculos se originam por mais de um tendão, diz-se que apresentam mais de uma cabeça de origem, sendo então classificados como:

- **bíceps:** quando apresenta duas cabeças de origem, ou seja, origina-se em dois tendões. Exemplo: músculo bíceps braquial;
- **tríceps:** quando apresenta três cabeças de origem, ou seja, origina-se em três tendões. Exemplo: músculo tríceps braquial;
- **quadríceps:** quando apresenta mais de três cabeças de origem, ou seja, origina-se em mais de três tendões. Exemplo: músculo quadríceps da coxa.

Descrição de músculos

Veja a seguir, algumas particularidades usadas para descrição de um músculo.

- **Nome:** o nome dos músculos é mais variável ainda do que os usados para os ossos, sendo que o nome está determinado por várias considerações, como ação, inserção, forma, posição, direção, etc.
- **Origem e inserção:** por razões didáticas, convencionou-se chamar de origem a extremidade do músculo presa à peça óssea que não se desloca. Por contraposição, denomina-se inserção a extremidade do músculo presa à peça óssea que se desloca. Origem e inserção são também denominadas de ponto fixo e ponto móvel, respectivamente. Nos membros, geralmente a origem de um músculo é proximal e a inserção é distal.

- **Relações:** relações entre estruturas ósseas, musculares, órgãos, etc. Muito importante na anatomia topográfica.

Irrigação sanguínea e inervação

A atividade muscular é controlada pelo sistema nervoso central. Nenhum músculo pode se contrair se não receber estímulo por meio de um nervo. Caso o músculo for seccionado, o músculo deixa de funcionar e por essa razão entra em atrofia. Para executar seu trabalho mecânico, os músculos necessitam de considerável quantidade de energia. Em vista disso, os músculos recebem eficientemente suprimento sanguíneo por meio de uma ou mais artérias, que neles penetram e se ramificam intensamente, formando um extenso leito capilar. Nervos e artérias penetram sempre pela face profunda do músculo, pois assim são melhores protegidos.

Referências

DYCE, K. M.; SACK, W. O.; WENSING, C. J. G. *Tratado de anatomia veterinária*. Rio de Janeiro: Elsevier, 2004.

KÖNIG, H.; LIEBICH, H. G. *Anatomia dos animais domésticos:* texto e atlas colorido. 6. ed. Porto Alegre: Artmed, 2016.

Identificação dos músculos da cabeça e do pescoço

Objetivos de aprendizagem

Ao final deste texto, você deve apresentar os seguintes aprendizados:

- Apresentar os músculos localizados na região da cabeça e pescoço e suas particularidades.
- Identificar as características dos músculos localizados na região da cabeça e pescoço.
- Reconhecer a terminologia referente aos músculos localizados na região da cabeça e pescoço.

Introdução

Os músculos que fazem parte das regiões da cabeça, do pescoço e do dorso, além da importância para a locomoção dos animais, apresentam correlações com outras importantes funções. Por exemplo, na face, em especial na região massetérica, está presente o grupo de músculos que controla uma função vital: a alimentação (por meio do processo de mastigação), assim como músculos que são destaques nas linhas de inspeção de abatedouros frigoríficos para destino de uma carcaça. Os músculos dorsais são todos os músculos situados ao longo da coluna cervical, torácica e lombar. Para isso, se faz necessário o estudo de cada uma dessas regiões, incluindo as fáscias e os grupos referente à musculatura da região com nomenclatura, origem, inserção e função.

Apresentação, características e terminologias dos músculos da região da cabeça e do pescoço

Fáscias são membranas de tecido conjuntivo que separam os músculos uns dos outros, os firmam na posição anatômica e facilitam o movimento entre eles. As fáscias ainda envolvem músculos cutâneos e fornecem rotas de passagem para vasos sanguíneos, vasos linfáticos e nervos. Na Figura 1, você observa a relação da fáscia com o músculo.

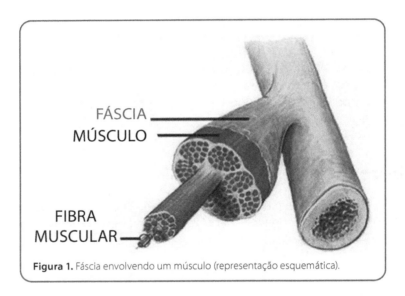

Figura 1. Fáscia envolvendo um músculo (representação esquemática).

Segundo König e Liebich (2016), o sistema de fáscias compreende uma camada superficial e outra profunda. Na região da cabeça, do pescoço e do dorso podem ser subdivididas conforme sua localização em: superficiais ou profundas.

Fáscias superficiais

A **fáscia superficial da cabeça** situa-se diretamente sob a pele e pode ser deslocada manualmente em carnívoros, enquanto em ruminantes e equinos ela adere aos ossos faciais, fusionando com a pele na região dos ossos nasal e frontal. A **fáscia superficial do pescoço** apresenta duas camadas: a superficial (cobrindo os músculos superficiais do pescoço) e a profunda (cobrindo as partes torácicas do músculo serrátil ventral e do músculo esplênio). A **fáscia superficial do tronco** em ruminantes e equinos se fixa aos processos espinhosos dorsais das vértebras, por sua vez, em carnívoros, ela se une dorsalmente com a fáscia do lado oposto.

Fáscias profundas

A fáscia profunda da cabeça divide-se em fáscia bucofaríngea, fáscia temporal e fáscia faringobasilar. A fáscia profunda do pescoço apresenta duas camadas, superficial e profunda, sendo que a camada superficial se fixa à asa do atlas, ao músculo longo da cabeça e ao músculo escaleno. Por sua vez, a camada profunda se origina dos músculos longos do pescoço. Nos equinos, essa camada cria uma divisão entre as bolsas guturais.

Muitos músculos do tronco surgem da fáscia profunda do tronco por meio de aponeuroses (estruturas que prendem um músculo ao osso e tem formato laminar, ou seja, fino e achatado). Essa fáscia divide-se em:

1. **fáscia toracolombar**: partes mais resistentes e densas dessa fáscia formam aponeuroses de músculos dessa região. Cranialmente divide-se em fáscia axilar e caudalmente em fáscia glútea. Ventralmente forma a túnica abdominal e na região inguinal várias fibras se ramificam para formar o ligamento suspensório do pênis e as glândulas mamárias;
2. **fáscia espinocostotransversal**: é oriunda da fáscia profunda do tronco à medida que esta atravessa a região escapular. Essa fáscia forma três camadas no equino;
3. **fáscia interna do tronco**: situa-se nas superfícies profundas dos músculos da parede corporal e se une ao revestimento seroso das cavidades do corpo. Divide-se em fáscia endotorácica (cavidade torácica), fáscia transversal (cavidade abdominal), fáscia pélvica (cavidade pélvica) e fáscia ilíaca (cobre músculos lombares profundos).

Músculos da região da cabeça

Segundo Dyce, Sack e Wensing (2004) e König e Liebich (2016), seguindo critérios ontogênicos (desenvolvimento embrionário) e funcionais, na cabeça são identificados os seguintes grupos musculares: músculos faciais, músculos dos lábios e das bochechas, músculos mandibulares e músculos específicos da cabeça.

Músculos faciais

Os músculos faciais compartilham a mesma origem embrionária, pois derivam do arco faríngeo II. São subdivididos em superficiais e profundos e inervados pelo nervo facial. Também são conhecidos como músculos da mímica facial, logo, os músculos faciais participam na manifestação dos estados de ânimo do animal. Os músculos faciais são divididos em: músculos dos lábios e das bochechas, músculos do nariz, músculos extraorbitais das pálpebras e músculos da orelha externa.

Músculos dos lábios e das bochechas

São inervados pelos ramos dorsal e ventral do nervo facial. A seguir, veja quais são os músculos que compreendem os lábios e bochechas.

- **Músculo orbicular da boca:** está incluído nos lábios, que é o seu principal componente. Situa-se formando um anel ao redor da abertura da boca. Quando se contrai, fecha a abertura da boca e contribui para a sucção.
- **Músculo incisivos:** situam-se diretamente abaixo da submucosa dos lábios. Emergem como pequenas lâminas musculares das margens alveolares do osso incisivo e da mandíbula e se irradiam para o músculo orbicular da boca. Elevam o lábio superior e abaixam o lábio inferior.
- **Músculo levantador nasolabial:** une a região nasal dorsal com a asa do nariz e o lábio superior. Em ruminantes e no equino se divide em dois ramos pelos quais passa o músculo canino. Dilata a narina e levanta o lábio superior.
- **Músculo levantador do lábio superior:** encontra-se revestido pelo Músculo levantador nasolabial. Origina-se do ângulo medial do olho, contudo, sua origem exata varia conforme a espécie animal. Insere-se na asa do nariz e no lábio superior. No equino, ele forma um largo tendão comum com o Músculo do lado oposto. Atua dilatando a narina e levantando o lábio superior.
- **Músculo canino:** dispõe-se ventralmente ao músculo levantador do lábio superior. Sua função é semelhante ao do Músculo levantador do lábio superior.
- **Músculo abaixador do lábio superior:** dentre os mamíferos domésticos está presente apenas nos ruminantes e suínos. Origina-se rostralmente ao túber da face e ventralmente ao músculo canino.

- **Músculo abaixador do lábio inferior:** dentre os mamíferos domésticos está ausente apenas nos carnívoros. Origina-se do túber da maxila e se insere no lábio inferior. Sua função é baixar o lábio inferior.
- **Músculo mentual:** é um destacamento do músculo bucinador. Origina-se na face lateral da margem alveolar da mandíbula e se insere no mento. Sua função é movimentar o mento.
- **Músculo zigomático:** se origina rostralmente à crista facial no equino e a partir da fáscia que cobre o músculo masseter em ruminantes e se insere no músculo orbicular da boca. Sua função é retrair o ângulo da boca.
- **Músculo bucinador:** se origina da maxila e da mandíbula, sendo a parede muscular da cavidade oral. Em ruminantes e no equino, ele pode ser dividido em uma parte bucal rostralmente e uma parte molar profunda caudalmente. Em carnívoros, ele se divide em uma parte maxilar e outra mandibular. Sua inserção é no tendão médio, tendo a função de estreitar o vestíbulo da bochecha.

Músculos do nariz

São músculos rudimentares em carnívoros e suínos, contudo, mais desenvolvidos em ruminantes e equinos. São inervados pelos ramos dorsal e ventral do nervo facial. Sua principal função é a dilatação das narinas. Compreendem:

- músculo dilatador apical do nariz;
- músculo dilatador médio do nariz;
- músculo lateral do nariz;
- músculo transverso do nariz.

Músculos extraorbitais das pálpebras

São inervados pelo ramo palpebral do nervo auriculopalpebral (ramo do nervo facial).

- **Músculo orbicular do olho:** é recoberto pelas pálpebras. Direcionam-se rodeando, como um esfíncter, a abertura palpebral, de forma que quando contrai fecha as pálpebras.
- **Músculo levantador do ângulo medial do olho:** origina-se da fáscia frontal e se prolonga até a pálpebra superior dorsomedialmente. Sua função é levantar a parte medial da pálpebra.

- **Músculo levantador do ângulo lateral do olho:** presente apenas em carnívoros. Se estende lateralmente desde a fáscia temporal até o ângulo lateral do olho. Como o nome indica, sua contração retrai o ângulo lateral.
- **Músculo malar:** é um músculo delgado em mamíferos domésticos, exceto em ruminantes. Origina-se da fáscia facial e se insere na pálpebra inferior. Sua função é baixar a pálpebra inferior.

Músculos da orelha externa

Constituem um grande número de músculos que convergem de várias fontes externas à orelha desde a cartilagem escutiforme ou diretamente do crânio para se inserirem no pavilhão auricular. Assim, movem a orelha em várias direções, tanto com a finalidade de expressão facial quanto para captar melhor os sons.

- **Músculo tensor da cartilagem escutiforme:** conecta a cartilagem escutiforme ao crânio.
- **Músculo parotidoauricular:** se prolonga desde as regiões cranial cervical e parotídea até o ângulo ventral da cartilagem escutiforme. Direciona ventral e caudalmente a orelha.
- **Músculos auriculares caudais:** dividem-se em músculo cervicoauricular médio (longo) e músculo cervicoauricular profundo (curto). Ambas as partes emergem da parte cranial do pescoço e terminam na face lateral da cartilagem escutiforme. Projetam e retraem a orelha externa.
- **Músculos auriculares dorsais:** compreendem três músculos distintos, que se inserem na face dorsal da orelha externa. Compreendem os músculos cervicoauricular superficial, parietoauricular e cervicoauricular superficial acessório. Elevam a orelha externa e a movimentam para frente ou para trás.
- **Músculos auriculares rostrais:** compreendem os músculos escutuloauricular superficial dorsal, escutuloauricular superficial médio, escutuloauricular superficial ventral e zigomático auricular. Elevam a orelha e o músculo zigomático auricular também gira a base da orelha para a frente.
- **Músculos auriculares profundos:** cobrem a face ventral da cartilagem escutiforme até a base do pavilhão auricular. Giram a orelha externa.
- **Músculo estiloauricular:** se direciona à face medial da cartilagem escutiforme e encurta o conduto auditivo.

Músculos mandibulares

Compreendem os músculos da mastigação e do espaço mandibular. São músculos com destacada ação em processos fisiológicos (alimentação) e nas linhas de inspeção em abatedouros e frigoríficos.

Músculos da mastigação

Compartilham a origem embrionária, já que derivam do arco faríngeo I, e inervação, pois são inervados por ramos do nervo mandibular. Todos levantam a mandíbula e estão envolvidos, portanto, no fechamento da boca. O músculo digástrico, embora no ponto de vista ontogênico, não pertença estritamente ao grupo, auxilia com os músculos mastigadores.

- **Músculo masseter:** apresenta origem na crista facial e no arco zigomático e insere-se na face lateral da mandíbula e na região intermandibular. Sua função é elevar e conduzir lateralmente a mandíbula. Sua inervação é feita pelo nervo mandibular.
- **Músculo pterigóideo lateral:** situado caudalmente ao músculo pterigoide medial. Origina-se na face lateral do osso esfenoide e se insere na face medial do côndilo da mandíbula. Tem como função elevar, empurrar e conduzir a mandíbula para a frente. Sua inervação é feita pelo nervo mandibular.
- **Músculo pterigóideo medial:** se origina no processo pterigóideo dos ossos esfenoide e pterigoide e da lâmina perpendicular. Sua inserção se dá na face medial da mandíbula. Sua função é de elevar a mandíbula. Sua inervação é feita pelo nervo mandibular.
- **Músculo temporal:** origina-se na fossa temporal e se insere nos processos coronoides da mandíbula. Sua função é elevar a mandíbula para o fechamento da boca. Sua inervação é feita pelo nervo mandibular.

Músculos superficiais do espaço mandibular

Auxiliam os músculos da mastigação e cobrem o lado ventral dos músculos da língua no espaço mandibular.

- **Músculo digástrico:** embora se use a denominação *digástrico*, trata-se de um músculo de ventre único em animais domésticos, exceto no equino, o qual apresenta um ventre caudal e outro rostral. Origina-se no processo paracondilar do occipital e se insere na região medial no corpo da mandíbula. Apresenta dois corpos musculares (caudal e rostral) separados por uma interseção tendinosa que, no caso do cão, nem sempre é bem identificável. Sua função é baixar a mandíbula e abrir a boca. A dupla inervação do músculo é a amostra de sua dupla origem ontogênica. O nervo facial inerva o corpo caudal (que deriva do arco faríngeo II). O nervo mandibular inerva o corpo rostral (que deriva do arco faríngeo I).

- **Músculo occiptomandibular:** presente apenas nos equinos. Origina-se no processo paracondilar e se insere no ângulo mandibular. Sua função é abrir a boca. Sua inervação é feita pelo nervo facial.
- **Músculo milo-hióideo:** dispõe-se fechando ventralmente o espaço intermandibular, origina-se na face medial da mandíbula e se insere, junto com o músculo contralateral, em uma rafe fibrosa média. A parte mais caudal termina no basi-hioide. Sua função é mover o hioide rostralmente e sustentar e elevar a língua em direção ao palato. Sua inervação é feita pelo ramo mandibular do nervo trigêmeo.

Músculos específicos da cabeça

Representam a continuação funcional dos músculos do pescoço até a cabeça e, portanto, pertencem, em sentido restrito, aos músculos da cabeça. São descritos como um grupo separado, uma vez que sua função principal é a coordenação dos movimentos da cabeça, especialmente das articulações atlantoccipital e atlantoaxial. São responsáveis por sacudir, inclinar, flexionar e girar a cabeça. Grupo muscular bem desenvolvido em suínos e ruminantes.

- **Músculo reto dorsal maior da cabeça:** origina-se no processo espinhosos do áxis, inserindo-se na crista nucal. Sua função é alongar a articulação atlantoccipital. Sua inervação é feita pelo ramo dorsal do primeiro nervo cervical.
- **Músculo reto dorsal menor da cabeça:** origina-se dorsalmente no atlas, inserindo-se no sentido dorsal do forame magno. Sua função é alongar a articulação atlantoccipital. Sua inervação é feita pelo ramo dorsal do primeiro nervo cervical.
- **Músculo reto lateral da cabeça:** origina-se ventralmente no atlas, inserindo-se no processo paracondilar. Sua função é flexionar a articulação atlantoccipital. Sua inervação é feita pelo ramo ventral do primeiro nervo cervical.

- **Músculo reto ventral da cabeça:** origina-se ventralmente no atlas, inserindo-se na base do crânio. Sua função é flexionar a articulação atlantoccipital. Sua inervação é feita pelo ramo ventral do primeiro nervo cervical.
- **Músculo oblíquo cranial da cabeça:** origina-se nas asas do atlas, inserindo-se na crista nucal. Sua função é projetar e retrair a cabeça lateralmente. Sua inervação é feita pelo ramo dorsal do primeiro nervo cervical.
- **Músculo oblíquo caudal da cabeça:** origina-se no processo espinhoso do áxis, inserindo-se nas asas do atlas. Sua função é girar a cabeça e fixar a articulação atlantoccipital. Sua inervação é feita pelo ramo dorsal do segundo nervo cervical.
- **Músculo longo da cabeça:** origina-se nos processos transversos da 2ª à 6ª vértebra cervical, inserindo-se na base do crânio. Sua função é flexionar e retrair a cabeça e as partes craniais do pescoço lateralmente. Sua inervação é feita pelos ramos ventrais dos nervos cervicais.

Fique atento

Para compreender as relações entre as estruturas anatômicas musculares, é indispensável o entendimento da origem, da inserção e da ação dos músculos.

Músculos da região do tronco

Segundo Dyce, Sack e Wensing (2004) e König e Liebich (2016), os músculos dessa região podem ser:

Músculos do pescoço

Os músculos do pescoço situam-se na face dorsal e lateral da coluna cervical. Alguns são associados ao aparelho hióideo. Os músculos braquiocefálico e esternocefálico são muito importantes para a movimentação do membro torácico, por isso, muitas vezes, são descritos junto à porção do cinturão escapular. A seguir serão apresentadas a divisões dos músculos do pescoço.

Músculo esplênio

Divide-se em músculo esplênio da cabeça e músculo esplênio do pescoço, exceto nos carnívoros, que não apresentam este último. Originam-se da fáscia espinocostotransversal, do ligamento nucal e dos processos espinhosos das vértebras torácicas. A inserção do músculo esplênio do pescoço ocorre nos processos transversos da 3ª à 5ª vértebras cervicais e do músculo esplênio da cabeça ocorre no osso occipital e no processo mastoide. Sua função é projetar e retrair a cabeça e o pescoço lateralmente. Sua inervação é feita pelos ramos dorsais dos nervos cervicais e torácicos.

Músculo longo do pescoço

Origina-se da 5ª e da 6ª vértebras torácicas, inserindo-se na 1ª vértebra cervical. Sua função é flexionar o pescoço. Sua inervação é feita pelos ramos ventrais dos nervos cervicais.

Músculo escaleno

Compreende os músculos escalenos médio, ventral e dorsal. A porção ventral é inexistente em carnívoros, enquanto a porção dorsal é insistente em equinos. Originam-se a partir da 3ª a 8ª costelas (dorsal), borda cranial da primeira costela (médio e ventral). A inserção ocorre nos processos transversos da 6ª a 3ª vértebras cervicais (dorsal), no processo transverso da 7ª a 3ª vértebras cervicais (médio) e no processo transverso da 7ª cervical (ventral). Sua função é fixar o pescoço, flexioná-lo ventral e lateralmente e ajudar na inspiração. Sua inervação é feita pelos ramos ventrais do 5º ao 8º nervo cervical e do 1º e do 2º nervos torácicos.

Músculos do aparelho hióideo

Os músculos hióideos têm em comum o fato de se inserirem no hioide. Quando se contraem, provocam movimentos no hioide e, consequentemente, movem órgãos como: faringe, laringe e língua, com os que o hioide se encontra estreitamente associado. Do ponto de vista ontogênico, esses músculos não formam um conjunto homogêneo; suas distintas origens embrionárias explicam o motivo da inervação dos componentes do grupo ser tão diversa (DYCE; SACK; WENSING, 2004; KÖNIG; LIEBICH, 2016). Dentre os Músculos do aparelho hioide, se incluem: craniais e caudais.

Veja a seguir quais são os músculos craniais do aparelho hióideo (DYCE; SACK; WENSING, 2004; KÖNIG; LIEBICH, 2016).

- **Músculo milo-hióideo:** dispõe-se fechando ventralmente o espaço intermandibular, origina-se na face medial da mandíbula e se insere, junto com o músculo contralateral, em uma rafe fibrosa média. A parte mais caudal termina no basi-hioide. Sua função é mover o hioide rostralmente e sustentar e elevar a língua em direção ao palato. Sua inervação é feita pelo ramo mandibular do nervo trigêmeo.
- **Músculo gênio-hióideo:** origina-se na parte rostral e medial do corpo da mandíbula e se insere no basi-hioide. Sua função é mover o hioide rostralmente, portanto, projeta a língua e a laringe para a frente. Sua inervação é feita pelo nervo hipoglosso.
- **Músculo estilo-hióideo:** origina-se do terço caudal do estilo-hioide e, no gato e cão, do osso temporal e se insere no tíreo-hióideo. Sua função é mover o osso hioide e a laringe caudodorsalmente. Sua inervação é feita pelo nervo facial.
- **Músculo occipito-hióideo:** origina-se no processo paracondilar do occipital e se insere na parte caudal do estilo hioide. Sua função é mover a extremidade rostral do estilo-hioide e, assim, mover a laringe ventralmente. Sua inervação é feita pelo nervo facial.
- **Músculo cerato-hióideo:** emerge da margem rostral do tíreo-hioide e se insere na margem caudal do cerato-hioide. Sua função é elevar o tíreo-hioide e retrair a laringe rostrodorsalmente. Sua inervação é feita pelo nervo glossofaríngeo.
- **Músculo hióideo transverso:** emerge do cerato-hioide e encontra seu oposto contralateral em uma rafe mediana indistinta. É inexistente no cão, no gato e nos suínos. Sua inervação é feita pelo nervo glossofaríngeo.

Os músculos caudais do aparelho hióideo também são conhecidos como músculos longos do aparelho hióideo.

- **Músculo esterno-hióideo:** origina-se do manúbrio do esterno e na primeira cartilagem costal (carnívoros) e se insere no basi-hioide. Sua função é provocar a retração caudal do hioide e das estruturas relacionadas a ele (laringe, faringe e língua), participando na fase final da deglutição. Sua inervação é feita pelo ramo ventral do primeiro nervo cervical e da asa cervical.

- **Músculo esternotireóideo:** origina-se, junto do músculo esterno-hióideo, no manúbrio do esterno e na primeira cartilagem costal (carnívoros). A inserção ocorre na cartilagem tireoide da laringe. Sua função é formar uma unidade funcional com o músculo esterno-hióideo, fazendo também a retração caudal do hioide e de estruturas associadas participando da deglutição. Sua inervação é feita pelo ramo ventral do primeiro nervo cervical e da asa cervical
- **Músculo omo-hióideo:** músculo ausente nos carnívoros. Origina-se da fáscia subescapular (equinos) e da fáscia profunda do pescoço (ruminantes) e insere-se no osso basi-hioide. No equino, une-se ao músculo correspondente do lado oposto na altura média, do pescoço, e se insere juntamente com o músculo esterno-hióideo no processo lingual do osso hioide. Sua inervação é feita pelo ramo ventral do primeiro nervo cervical.

Músculos dorsais

Do ponto de vista topográfico, os músculos dorsais se dispõem em duas camadas: superficial e profunda.

Músculos da camada superficial

Esses músculos se prolongam desde a região da garupa, das costelas ou das fáscias regionais até o esqueleto da região da cintura escapular. São eles:

- músculo trapézio;
- músculo esternocleidomastóideo (porção esternocefálica e porção braquiocefálica);
- músculo omotransverso;
- músculo latíssimo do dorso ou grande dorsal;
- músculo peitoral superficial.

Músculos da camada profunda

Dividem-se em músculos dorsais longos e músculos dorsais curtos. Dentre os músculos dorsais longos, há a divisão em sistemas lateral e medial.

Musculatura dorsal e cervical longa — sistema lateral

- **Músculo iliocostal:** suas fibras se orientam na direção cranioventral e acompanham vários segmentos vertebrais. Pode ser dividido em porção lombar, torácica e cervical. A **porção lombar** origina-se na crista ilíaca e nos processos transversos da coluna lombar, inserindo-se na margem caudal da última costela. Sua função é fixar o lombo e as costelas. A **porção torácica** origina-se na extremidade superior da margem cranial das costelas, inserindo-se nas margens caudais das costelas e nos processos transversos da última vértebra cervical. Sua função é arquear a coluna vertebral lateralmente. A **porção cervical** origina-se nos processos transversos das vértebras torácicas craniais, inserindo-se nos processos transversos da 7ª vértebra cervical. Sua função é a mesma da porção torácica. A inervação do músculo iliocostal é feita pelos ramos dorsais dos nervos torácicos e lombares (DYCE; SACK; WENSING, 2004; KÖNIG; LIEBICH, 2016).
- **Músculo longuíssimo:** forma a parte principal da musculatura paraxial do tronco. Prolonga-se sobre todo o comprimento do dorso e do pescoço desde a pelve até a cabeça, sendo o músculo mais longo do corpo. Pode ser dividido em parte lombar e do tórax, parte do pescoço e parte da cabeça e do atlas.

As **partes lombares e do tórax** originam-se nos processos espinhosos das vértebras sacrais, lombares e torácicas, e do ílio, inserindo-se nos processos articulares, papilares e transversos da coluna torácica e proximal nas costelas. Sua função é fixar e projetar a coluna vertebral e elevar a parte cranial do corpo.

A **parte do pescoço** origina-se nos processos transversos das primeiras cinco a oito vértebras torácicas, inserindo-se nos processos transversos da 3ª à 7ª vértebras cervicais. Sua função é elevar e arquear o pescoço lateralmente.

As **partes da cabeça e do atlas** originam-se dos processos transversos das primeiras vértebras torácicas e das últimas vértebras cervicais, inserindo-se na asa do atlas e na parte mastoidea do osso temporal. Sua função é elevar e arquear a cabeça lateralmente e girar a cabeça. A inervação do músculo longuíssimo é feita pelos ramos dorsais dos nervos cervicais, torácicos e lombares.

Musculatura dorsal e cervical longa — sistema medial

- **Músculo espinal:** nele, os fascículos musculares se prolongam entre os processos espinhosos. É dividido em **parte torácica e parte cervical**. Em suínos e equinos, origina-se dos processos espinhosos das primeiras seis vértebras lombares e das últimas seis vértebras torácicas, atravessa cranialmente em direção horizontal aos processos espinhosos das vértebras torácicas mais craniais e da 7ª para a 3ª vértebra cervical. Sua função é fixar o dorso e o pescoço. A inervação do músculo espinal é feita por ramos dorsais dos nervos cervicais, torácicos e lombares.
- **Músculo transverso-espinal:** nele, os fascículos musculares seguem um trajeto desde os processos espinhosos até o processo transverso de vértebras contíguas. Ruminantes e carnívoros recebem faixas musculares adicionais de processos papilares e transversos da primeira vértebra lombar e da última vértebra torácica (além de faixas dos processos espinhosos como em suínos e equinos). Por isso, nessas espécies, são chamados **músculos espinal e semiespinal torácico e cervical**. Inserem-se nos processos espinhosos da 1ª à 6ª vértebras torácicas e da 6ª à 7ª vértebras cervicais. Sua função é fixar e projetar o dorso e elevar o pescoço. O **músculo semiespinal da cabeça** origina-se da fáscia espinocostotransversal, dos processos transversos das primeiras cinco a oito vértebras torácicas e dos processos articulares da 2ª à 7ª vértebras cervicais. Insere-se na escama do occipital e tem como função, quando atua bilateralmente, de elevar a cabeça e, quando atua unilateralmente, de flexionar a cabeça e o pescoço. Sua inervação é feita pelos ramos dorsais dos nervos cervicais. O músculo semiespinal da cabeça divide-se em **músculo biventer cervical** (dorsomedialmente) e **músculo complexo** (ventrolateralmente).
- **Músculo multífido:** origina-se dos processos articulares e papilares, desde o sacro até o 3º processo cervical, inserindo-se nos processos espinhosos e nos arcos dorsais da vértebra precedente e, na região torácica, também nos processos transversos das vértebras. Sua função é fixar e girar a coluna vertebral e elevar o pescoço. Sua inervação é feita pelos ramos dorsais dos nervos cervicais, torácicos e lombares.
- **Músculos rotadores:** estão presentes apenas em segmentos torácicos. Originam-se dos processos transversos das vértebras e inserem-se nos processos espinhosos. Sua função é fixar e girar a coluna vertebral. Sua inervação é feita pelos ramos dorsais dos nervos torácicos.

Musculatura cervical e dorsal curta

São faixas musculares curtas intersegmentadas que complementam os sistemas lateral e medial dos músculos longos do pescoço e do dorso. A seguir, você verá a divisão destas musculaturas.

- **Músculos interespinais:** originam-se dos processos espinhosos das vértebras caudais cervicais, torácicas e das primeiras lombares, inserindo-se nos processos espinhosos das vértebras. Sua função é fixar e flexionar as vértebras torácicas e lombares, ou seja, sustentar a ventroflexão da coluna vertebral. Sua inervação é feita pelos ramos dorsais dos nervos torácicos e lombares.
- **Músculos intertransversários:** originam-se dos processos transversos e papilares das vértebras cervicais, torácicas e lombares e inserem-se nos processos transversos e articulares das vértebras. Sua função é fixar e flexionar lateralmente a coluna vertebral cervical e lombar. Sua inervação é feita pelos ramos dorsais dos nervos cervicais, torácicos e lombares.

Referências

DYCE, K. M.; SACK, W. O.; WENSING, C. J. G. *Tratado de anatomia veterinária*. Rio de Janeiro: Elsevier, 2004.

KÖNIG, H.; LIEBICH, H. G. *Anatomia dos animais domésticos:* texto e atlas colorido. 6. ed. Porto Alegre: Artmed, 2016.

MIOFASCIAL. *Vamos continuar falando sobre a Fáscia*. Rio de Janeiro, 2017. Disponível em: http://miofascialrio.com.br/web/uncategorized/vamos-continuar-falando-sobre-a-fascia/. Acesso em: 16 abr. 2019.

Anatomia dos músculos do tórax e dos membros torácicos

Objetivos de aprendizagem

Ao final deste texto, você deve apresentar os seguintes aprendizados:

- Apresentar os músculos localizados na região do tórax e dos membros torácicos.
- Identificar as características dos músculos localizados na região do tórax e dos membros torácicos.
- Reconhecer a terminologia referente aos músculos localizados no tórax e nos membros torácicos.

Introdução

Os músculos que formam o sistema esquelético são variados e apresentam características que os distinguem ou que complementam suas funções, como os que apresentam ação sinérgica. Neste capítulo, você aprenderá sobre os músculos que fazem parte da região tórax (parede torácica), que também são partes do tronco animal. Contudo, pela sua aproximação com os membros torácicos, esses músculos serão abordados neste texto.

Características, apresentação e reconhecimento das terminologias dos músculos do tórax

Esta seção compreende dois grupos, os músculos das camadas profunda e superficial da cintura escapular e os músculos da respiração.

Músculos das camadas profunda e superficial da cintura escapular

Segundo Dyce, Sack e Wensing (2004) e König e Liebich (2014), os músculos da cintura escapular também são conhecidos como musculatura extrínseca do membro torácico. De forma geral, esses músculos originam-se das regiões do pescoço, do dorso e do tórax e se inserem na escápula ou no úmero. Dividem-se em camadas superficial e profunda.

Camada superficial da musculatura extrínseca do membro torácico

Os músculos que compõem essa região unem o membro torácico ao tronco e apresentam importante função na coordenação dos movimentos do próprio membro torácico, além do tronco, da cabeça e do pescoço.

Músculo trapézio

É um músculo superficial composto por duas porções — porção cervical e porção torácica — divididas por uma faixa tendinosa. Sua inervação se faz pelo nervo acessório. Divide-se em porção cervical (origem: rafe mediodorsal do pescoço) e porção torácica (origem: ligamento supraespinal e processos espinhosos dorsais, desde a terceira vértebra cervical até a nona torácica). Ambas as porções se inserem na espinha da escápula (DYCE; SACK; WENSING, 2004; KÖNIG; LIEBICH, 2014).

Músculo esternocleidomastóideo

Esse músculo é dividido em duas partes: **músculo esternocefálico** e **músculo braquiocefálico**. A porção esternocefálica se prolonga entre o esterno e a cabeça, enquanto a porção braquiocefálica se prolonga entre o úmero e a cabeça. O músculo esternocefálico, por sua vez, subdivide-se em porções que variam conforme a espécie animal, como segue a seguir (DYCE; SACK; WENSING, 2004; KÖNIG; LIEBICH, 2014).

- Carnívoros: o músculo esternocefálico apresenta duas partes, o **músculo esternomastóideo** e o **músculo esternoccipital**.
  - Origem: manúbrio (ambas as porções).
  - Inserção: processo mastoide do osso temporal (porção esternomastóideo) e crista nucal (porção esternoccipital).
- Bovinos e caprinos: o músculo esternocefálico apresenta duas partes, o **músculo esternomastóideo** e o **músculo esternomandibular**.
  - Origem: manúbrio (porção esternomastóideo) e manúbrio juntamente com a primeira costela (porção esternomandibular).
  - Inserção: processo mastoide do osso temporal (porção esternomastóideo) e mandíbula (porção esternomandibular).
- Suínos: o músculo esternocefálico é denominado **músculo esternomastóideo**.
  - Origem: manúbrio.
  - Inserção: processo mastoide do osso temporal.
- Equinos: o músculo esternocefálico é denominado **músculo esternomandibular**.
  - Origem: manúbrio.
  - Inserção: mandíbula.

A função desses músculos, independentemente da porção, é servir como flexor da cabeça e do pescoço, retrair a cabeça e o pescoço lateralmente (quando age bilateralmente) e fixar a cabeça durante a deglutição (quando age unilateralmente). Sua inervação se faz pelo ramo ventral do nervo acessório.

O músculo braquiocefálico, se subdivide em **músculo cleidobraquial** e **músculo cleidocefálico**. O músculo cleidobraquial está presente em todas as espécies domésticas e se prolonga entre a clavícula vestigial e a crista do úmero, formando uma ponte com a articulação do úmero. O músculo cleidocefálico se subdivide em porções que variam conforme a espécie animal, como segue (DYCE; SACK; WENSING, 2004; KÖNIG; LIEBICH, 2014):

- Carnívoros: o músculo cleidocefálico divide-se em **músculo cleidomastóideo** e **músculo cleidocervical**.
    - Origem: processo mastoide do osso temporal (porção cleidomastóideo) e da linha mediana do ligamento nucal e do osso occipital (porção cleidocervical).
    - Inserção: ocorre uma intersecção clavicular terminando como músculo cleidobraquial.
- Bovinos e suínos: o músculo cleidocefálico divide-se em **músculo cleidomastóideo** e **músculo cleidoccipital**.
    - Origem: processo mastoide do osso temporal e da mandíbula (porção cleidomastóideo) e osso occipital juntamente com ligamento nucal.
    - Inserção: na crista do úmero terminando como músculo cleidobraquial.
- Equinos: o músculo cleidocefálico é denominado **músculo cleidomastóideo**.
    - Origem: processo mastoide do osso temporal e da crista nucal.
    - Inserção: na tuberosidade deltoide, crista do úmero e fáscia do ombro terminando como músculo cleidobraquial.

A função desses músculos, independentemente da porção, é retrair a cabeça e o pescoço para baixo e para trás (quando atua bilateralmente). Com o ombro em posição fixa, age movendo lateralmente a cabeça, a fáscia do braço superior e o pescoço. Sua inervação se faz pelo nervo acessório, pelos nervos cervicais e pelo nervo axilar (DYCE; SACK; WENSING, 2004; KÖNIG; LIEBICH, 2014).

Músculo omotransverso

Sua origem se dá na asa do atlas e se insere no acrômio da escápula e na fáscia do braço. Nos equinos, além da porção cranial, como nas outras espécies, sua porção caudal está revestida, chegando a fusionar-se com o músculo cleidomastóideo. Sua função é de movimentar o membro para frente e sua inervação se faz pelo nervo acessório (DYCE; SACK; WENSING, 2004; KÖNIG; LIEBICH, 2014).

Músculo latíssimo do dorso

É também conhecido como grande dorsal. Está entre os maiores e mais potentes músculos. Tem origem na fáscia toracolombar e se insere no tubérculo redondo maior do úmero. Suas funções são movimentar o membro caudalmente e flexionar o ombro (é antagonista do músculo braquiocefálico). Se o membro está fixo, traciona o tronco para frente. Sua inervação se faz pelo nervo toracodorsal (DYCE; SACK; WENSING, 2004; KÖNIG; LIEBICH, 2014) (Figura 1).

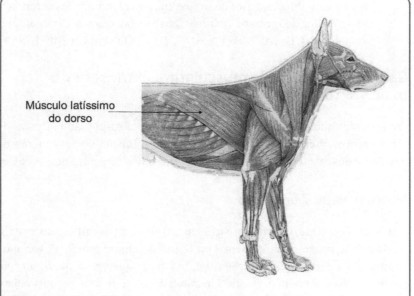

Figura 1. Musculatura superficial de cão. Representação esquemática. Vista lateral.
Fonte: Adaptada de König e Liebich (2014).

Músculo peitoral superficial

Forma a face ventral da axila. É subdividido em **músculo peitoral descendente** e **músculo peitoral transverso**.

- Origem: manúbrio do esterno (músculo peitoral descendente) e manúbrio do esterno juntamente com as seis primeiras cartilagens costais (músculo peitoral transverso).
- Inserção: crista do tubérculo maior do úmero (carnívoros) e crista do tubérculo maior do úmero juntamente com a fáscia do antebraço na face medial do cotovelo (demais espécies). Sua função é contribuir na formação do aparelho suspensor do tronco entre as extremidades anteriores, sendo adutor do membro. Sua inervação se faz pelos nervos peitorais craniais (DYCE; SACK; WENSING, 2004; KÖNIG; LIEBICH, 2014).

Camada profunda da musculatura extrínseca do membro torácico

Os músculos que compõem essa região fornecem a suspensão muscular do tórax entre os membros e apresenta importante função no movimento do pescoço e dos membros. Veja quais são os músculos presentes nessa região.

Músculo peitoral profundo

Sua origem ocorre no esterno, na cartilagem xifóidea e nas cartilagens costais, sendo que se insere na vista medial ou lateral do úmero proximal, variando um pouco conforme a espécie. Sua função é participar na formação do aparelho suspensor do tronco, retrair o membro e, com este fixo, propulsionar o tronco. Sua inervação se faz pelos nervos peitorais caudais (DYCE; SACK; WENSING, 2004; KÖNIG; LIEBICH, 2014).

Músculo subclávio

Emerge das cartilagens costais (1ª nos ruminantes e 2ª à 4ª nos suínos e equinos). Nos ruminantes se mescla com o tendão de inserção do músculo braquiocefálico. Já no suíno e no equino se une com a aponeurose do músculo supraespinal (DYCE; SACK; WENSING, 2004; KÖNIG; LIEBICH, 2014).

Fique atento

O **músculo subclávio** está ausente nos carnívoros.

Músculo romboide

Esse músculo forma a cernelha do animal, sendo que está completamente coberto pelo músculo trapézio. Apresenta duas porções bem diferenciadas: **músculo romboide cervical** e **músculo romboide torácico**. O cão apresenta, ainda, uma terceira parte, o **músculo romboide capital** (também músculo romboide da cabeça), sendo este menos desenvolvido.

- Origem: processos espinhosos das vértebras cervicais e torácicas craniais, partes cervical e torácica do músculo, respectivamente. Nos equinos, a parte cervical se origina do ligamento nucal na altura do áxis.
- Inserção: borda dorsal da escápula na face medial da cartilagem da escápula. Suas funções são levantar e retrair o membro torácico. Com o membro fixo, levantar o pescoço. Sua inervação se faz pelos ramos ventrais dos nervos cervicais e torácicos (DYCE; SACK; WENSING, 2004; KÖNIG; LIEBICH, 2014).

Músculo serrátil ventral

O mais potente dos músculos extrínsecos do membro torácico. É dividido em duas porções: o **músculo serrátil ventral cervical**, que se origina nos processos transversos das vértebras cervicais, e o **músculo serrátil ventral torácico**, que se origina na face lateral das sete ou oito primeiras costelas. A inserção de ambas as porções ocorre na face serrátil da escápula e na cartilagem escapular. Sua função se relaciona com o fato de ser o mais importante componente do aparelho suspensor do tronco. Além disso, com o membro fixo, a parte cervical levanta e lateraliza o pescoço e a parte torácica propulsiona o tronco e participa nos movimentos inspiratórios da parede torácica. Sua inervação se faz pelos ramos ventrais dos nervos cervicais (músculo serrátil ventral cervical) e nervo torácico longo (músculo serrátil ventral torácico) (DYCE; SACK; WENSING, 2004; KÖNIG; LIEBICH, 2014).

Características, apresentação e reconhecimento das terminologias dos músculos do membro torácico

A musculatura do membro torácico, como em qualquer outra parte do corpo, é sustentada pelas **fáscias** (Dyce, 2004 e Konig, Liebich, 2014). A fáscia profunda do pescoço e a fáscia profunda do tronco se prolongam até a perna para formar as fáscias profundas do membro torácico. A fáscia axilar é a fáscia profunda na face medial do ombro e corre sobre a musculatura medial do ombro e sob o músculo latíssimo do dorso. Continua distalmente como fáscia braquial na face lateral do braço, envolvendo os músculos deltoide, braquial, tríceps e bíceps e fixando-se à escápula e ao úmero.

A fáscia do antebraço cobre os músculos extensor e flexor do cotovelo e do dedo na região do antebraço. Na altura do carpo torna-se a fáscia da mão, que pode ser dividida em parte dorsal e palmar. A fáscia profunda dorsal contribui para o retináculo extensor, que sustenta os tendões extensores. A fáscia profunda palmar contribui para o retináculo flexor, que forma uma ponte entre os tendões flexores na face palmar do carpo. No equino, essa fáscia forma o ligamento anular da articulação metacarpofalângica (DYCE; SACK; WENSING, 2004; KÖNIG; LIEBICH, 2014).

Musculatura intrínseca do membro torácico

Segundo Dyce, Sack e Wensing (2004) e König e Liebich (2014), os músculos dessa região são responsáveis pelos movimentos de cada parte do membro, juntamente com as articulações e os ligamentos.

Músculos da articulação do ombro

Atuam como flexores ou extensores ou, ainda, como ligamentos para sustentar essa articulação em dobradiça. Podem ser divididos em músculos laterais e mediais do ombro (DYCE; SACK; WENSING, 2004; KÖNIG; LIEBICH, 2014).

Músculos laterais do ombro

Músculo supraespinal:

- Origem: fossa supraespinal da escápula.
- Inserção: tubérculo maior (carnívoros) do úmero e tubérculos maior e menor do úmero (demais espécies).
- Função: extensor da articulação do ombro, estabilizando-a.
- Inervação: nervo supraescapular.

Músculo infraespinal:

- Origem: fossa infraespinal da escápula.
- Inserção: proximal no úmero.
- Função: flexor ou extensor da articulação do ombro (dependendo da posição). Em carnívoros, atua como rotador lateral e abdutor da articulação.
- Inervação: nervo supraescapular.

Músculo deltoide: situa-se diretamente sob a pele.

- Origem: espinha e margem caudal da escápula. Uma cabeça de origem no equino e no suíno e duas cabeças de origem nos ruminantes e nos carnívoros.
- Inserção: tuberosidade deltoide do úmero.
- Função: flexor da articulação do ombro; abdução e rotação em carnívoros.
- Inervação: nervo axilar.

Músculo redondo menor:

- Origem: margem caudal da escápula.
- Inserção: tuberosidade redonda menor.
- Função: flexor da articulação do ombro.
- Inervação: nervo axilar.

Fique atento

O músculo redondo tem esse formato somente nos carnívoros, nas outras espécies é triangular.

Veja a seguir a Figura 2.

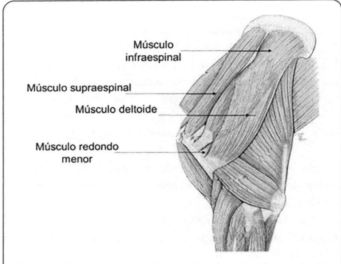

Figura 2. Músculos da articulação do ombro do equino. Representação esquemática. Vista lateral.
Fonte: Adaptada de König e Liebich (2014).

Músculos mediais do ombro

Músculo redondo maior:

- Origem: margem caudal da escápula.
- Inserção: tuberosidade redonda maior.

- Função: flexor da articulação do ombro, proporcionando a adução do membro.
- Inervação: nervo axilar.

Músculo articular da articulação do ombro:

- Origem: borda da cavidade glenoidal.
- Inserção: colo do úmero.
- Função: tensor da cápsula articular da articulação do ombro.
- Inervação: nervo axilar.

Fique atento

Presente nos equinos e, eventualmente, nos suínos.

Músculo subescapular:

- Origem: fossa subescapular.
- Inserção: tubérculo menor do úmero.
- Função: extensor ou flexor (manutenção) da articulação do ombro.
- Inervação: nervos subescapulares.

Músculo coracobraquial:

- Origem: processo coracoide da escápula.
- Inserção: face medial do úmero e tuberosidade maior do úmero.
- Função: adutor do braço e girador da articulação do ombro lateralmente.
- Inervação: nervo musculocutâneo.

Músculos da articulação do cotovelo

Os músculos dessa região formam uma ponte entre as articulações do ombro e do cotovelo ou são voltados apenas para a articulação do cotovelo (DYCE; SACK; WENSING, 2004; KÖNIG; LIEBICH, 2014) (Figura 3).

Músculo braquial:

- Origem: face caudal do úmero proximal.
- Inserção: tuberosidade radial e ulnar.
- Função: flexor da articulação do cotovelo.
- Inervação: nervo musculocutâneo e nervo radial.

Músculo bíceps braquial:

- Origem: tubérculo supraglenoidal da escápula.
- Inserção: tuberosidade radial e ulna proximal.
- Função: flexor da articulação do cotovelo, extensor da articulação do ombro e estabilizador da articulação do ombro e do carpo.
- Inervação: nervo musculocutâneo.

Músculo tríceps braquial:

- Cabeça longa:
  - Origem: margem caudal da escápula.
  - Inserção: olecrano.
  - Função: extensor da articulação do cotovelo e flexor da articulação do ombro.
  - Inervação: nervo radial.
- Cabeça lateral:
  - Origem: face lateral do corpo do úmero.
  - Inserção: olecrano.
  - Função: extensor da articulação do cotovelo.
  - Inervação: nervo radial.
- Cabeça medial:
  - Origem: face medial do corpo do úmero.
  - Inserção: olecrano.
  - Função: extensor da articulação do cotovelo.
  - Inervação: nervo radial.
- Cabeça acessória (somente no cão):
  - Origem: parte caudal do colo do úmero. Fusiona-se com as cabeças longa e lateral.
  - Inserção: olecrano.
  - Função: extensor da articulação do cotovelo.
  - Inervação: nervo radial.

Músculo ancôneo:

- Origem: distal no úmero, fossa do olecrano.
- Inserção: lateral no olecrano. Une-se à cabeça lateral do tríceps braquial no equino e no bovino.
- Função: extensor da articulação do cotovelo.
- Inervação: nervo radial.

Músculo tensor da fáscia do antebraço:

- Origem: margem caudal da escápula (ruminantes e equinos) e aponeurose do músculo latíssimo do dorso (carnívoros).
- Inserção: fáscia do antebraço.
- Função: tensor da fáscia do antebraço e extensor da articulação do cotovelo.
- Inervação: nervo radial.

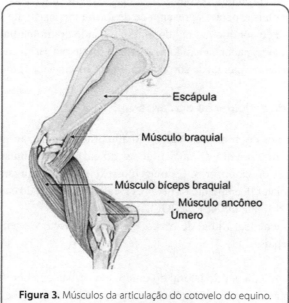

Figura 3. Músculos da articulação do cotovelo do equino. Representação esquemática. Vista lateral esquerda.
Fonte: Adaptada de König e Liebich (2014).

Músculos das articulações radioulnares

Esses músculos são bem desenvolvidos apenas nos carnívoros, nos quais apresentam função de pronação e supinação. Esses movimentos são inexistentes ou muito reduzidos em outras espécies, o que explica a ausência desses músculos ou a apresentação apenas como vestigiais (DYCE; SACK; WENSING, 2004; KÖNIG; LIEBICH, 2014).

Músculos supinadores do antebraço

- Músculo braquiorradial: prolonga-se da crista supracondilar lateral ao processo estiloide radial.
- Músculo supinador: presente em carnívoros e suínos. Emerge do epicôndilo lateral do úmero e se insere na face medial do rádio.

Músculos pronadores do antebraço

- Músculo pronador redondo: bem desenvolvido apenas em carnívoros, nas demais espécies apresenta-se de forma inconsistente. Prolonga-se entre o epicôndilo medial do úmero e o lado craniomedial do rádio.
- Músculo pronador quadrado: encontrado apenas em carnívoros. Emerge da face caudal e medial do corpo do rádio e se insere na face medial da ulna.

Músculos da articulação do carpo

Esses músculos cobrem o esqueleto do antebraço. Em razão da amplitude reduzida de movimento das articulações do carpo, esses músculos atuam como flexores ou extensores. Os músculos extensores localizam-se no lado crânio-dorsolateral, enquanto os flexores localizam-se no lado caudal (DYCE; SACK; WENSING, 2004; KÖNIG; LIEBICH, 2014).

Músculo extensor radial do carpo: é o maior músculo extensor das articulações carpais.

- Origem: epicôndilo lateral do úmero e da crista epicondilar lateral.
- Inserção: extremidade proximal nos ossos metacarpais II e III (variando conforme a espécie animal).
- Função: extensor e fixador da articulação do carpo e flexiona a articulação do cotovelo.
- Inervação: nervo radial.

Músculo extensor ulnar do carpo:

- Origem: epicôndilo lateral do úmero e os ossos laterais do carpo e do metacarpo (dependendo da espécie).
- Inserção: varia conforme a espécie, mas ocorre nos ossos metacarpais V e IV e no osso pisiforme (acessório do carpo).
- Função: flexor da articulação do carpo. Em carnívoros também realiza a abdução do antebraço.
- Inervação: nervo radial.

Músculo flexor radial do carpo:

- Origem: epicôndilo medial do úmero.
- Inserção: face palmar dos ossos metacarpais II e III (carnívoros), no osso metacarpal III (suínos e ruminantes) e no osso metacarpal II (equinos).
- Função: flexor da articulação do carpo.
- Inervação: nervo mediano.

Músculo flexor ulnar do carpo:

- Cabeça umeral:
  - Origem: epicôndilo medial do úmero.
  - Inserção: osso pisiforme (acessório do carpo).
  - Função: flexor da articulação do carpo. Em carnívoros é também um supinador do membro.
  - Inervação: nervo mediano.
- Cabeça ulnar:
  - Origem: olecrano.
  - Inserção: osso pisiforme (acessório do carpo).
  - Função: flexor da articulação do carpo. Em carnívoros é também um supinador do membro.
  - Inervação: nervo mediano.

Músculos dos dedos

São músculos tendinosos resistentes que cobrem o esqueleto do antebraço e abrangem várias articulações. A evolução dos membros característica de cada espécie resultou em uma amplitude bastante limitada de movimento das falanges (DYCE; SACK; WENSING, 2004; KÖNIG; LIEBICH, 2014).

Músculos extensores dos dedos

Músculo extensor comum dos dedos:

- Origem: epicôndilo lateral do úmero, ligamento colateral lateral da articulação do cotovelo, rádio e ulna (variando conforme a espécie). A quantidade de tendões de inserção corresponde à quantidade de dedos funcionais remanescentes em cada espécie.
- Inserção: processo extensor da falange distal de cada dedo funcional.
- Função: extensor da articulação do carpo e dos dedos.
- Inervação: nervo radial.

Músculo extensor lateral dos dedos:

- Origem: epicôndilo lateral do úmero, ligamento colateral lateral da articulação do cotovelo, rádio e ulna (variando conforme a espécie).
- Inserção: falanges correspondentes aos dedos funcionais, uma vez que a quantidade de tendões de inserção corresponde à quantidade de dedos funcionais remanescentes em cada espécie.
- Função: extensor das articulações do carpo e falângicas dos dedos laterais em carnívoros e suínos, das articulações do carpo e metacarpofalângicas e interfalângicas proximal do quarto dedo em ruminantes e das articulações do carpo e metacarpofalângicas no equino.
- Inervação: nervo radial.

Músculo extensor longo do primeiro e segundo dedos:

- Origem: terço médio da ulna.
- Inserção: primeiro e segundo dedos (variando se cão ou gato).
- Função: extensor do primeiro e segundo dedos e adução do primeiro dedo.
- Inervação: nervo radial.

Fique atento

O músculo extensor longo do primeiro e segundo dedos apresenta-se como um músculo distinto apenas em carnívoros. Nas outras espécies domésticas, une-se ao músculo extensor comum dos dedos e, no equino, acredita-se que o músculo extensor comum ulnar dos dedos seja um resquício desse músculo.

Músculo abdutor longo do primeiro dedo:

- Origem: terço médio da margem lateral do rádio e da ulna.
- Inserção: ossos metacarpal I (carnívoros), metacarpal II (equino e suíno) e metacarpal III (ruminantes). Pode-se encontrar um pequeno osso sesamoide no tendão de inserção em carnívoros.
- Função: extensor da articulação do carpo e abdutor do primeiro dedo (carnívoros).
- Inervação: nervo radial.

Músculos flexores dos dedos

Músculo flexor superficial dos dedos:

- Origem: epicôndilo medial do úmero.
- Inserção: proximal na falange média de cada respectivo dedo conforme a espécie.
- Função: flexor dos dedos de sustentação, flexor da mão e estabilizador da articulação metacarpofalângica.
- Inervação: nervo ulnar e nervo mediano.

Músculo flexor profundo dos dedos (divide-se em cabeças umeral, radial e ulnar):

- Origem: epicôndilo medial do úmero (cabeça umeral), rádio e ulna (cabeças radial e ulnar, variando conforme a espécie).
- Inserção: face flexora da falange distal.
- Função: flexor da falange distal dos dedos principais e, portanto, da mão inteira.
- Inervação: nervo ulnar e nervo mediano.

Músculos interflexores:

- Origem: distal no antebraço.
- Inserção: juntamente com o tendão flexor superficial dos dedos.
- Função: flexor das articulações digitais.
- Inervação: nervo ulnar e nervo mediano.

Fique atento

Os músculos interflexores situam-se entre os músculos flexores superficiais dos dedos. Acredita-se que funcionem como auxiliares desses músculos. Em ruminantes e suínos, dividem-se em músculos interflexores distais e músculos interflexores proximais, enquanto no carnívoro há apenas a porção distal. São ausentes nos equinos.

Músculos curtos dos dedos

Apresentam acentuadas diferenças conforme a espécie quanto à quantidade, à estrutura e à função. Nos carnívoros e suínos, auxiliam no movimento de dedos individuais, enquanto em animais de grande porte auxiliam no aparelho passivo de suporte.

Músculos interósseos (variam em quantidade conforme a espécie animal):

- Origem: extremidade proximal dos ossos metacarpais e da cápsula articular do carpo.
- Inserção: ossos sesamoides proximais.

Músculos lumbricais (ausentes nos ruminantes; a quantidade varia conforme a espécie animal):

- Origem: tendão flexor profundo dos dedos.
- Inserção: falange proximal do segundo ao quinto dedos (carnívoros). Nos equinos se irradiam no tecido que sustenta o esporão.

Músculo flexor curto dos dedos (existe apenas em carnívoros):

- Origem: tendão flexor superficial dos dedos.
- Inserção: ligamento transverso da articulação metacarpofalângica do quinto dedo.

Músculos especiais dos dedos dos carnívoros

São vários pequenos músculos presentes apenas nos carnívoros e que auxiliam na extensão, flexão, abdução, adução e rotação. Nos gatos são bastante desenvolvidos, contribuindo para a coordenação do movimento da pata.

Referências

DYCE, K. M.; SACK, W. O.; WENSING, C. J. G. *Tratado de anatomia veterinária*. 3. ed. Rio de Janeiro: Elsevier, 2004.

KÖNIG, H. E.; LIEBICH, H. G. *Anatomia dos animais domésticos*: texto e atlas colorido. 6. ed. Porto Alegre: Artmed, 2014.

Anatomia dos músculos abdominais e dos membros pélvicos

Objetivos de aprendizagem

Ao final deste texto, você deve apresentar os seguintes aprendizados:

- Apresentar os músculos localizados na parede abdominal e nos membros pélvicos.
- Identificar as características dos músculos localizados na parede abdominal e nos membros pélvicos.
- Reconhecer a terminologia referente aos músculos localizados na parede abdominal e nos membros pélvicos.

Introdução

Os músculos que formam o sistema esquelético são variados e apresentam diversas características que os distinguem uns dos outros ou até mesmo complementam suas funções, como os que apresentam ação sinérgica. Os músculos aqui estudados apresentam importantes funções, como locomoção, proteção de vísceras, fuga de predadores, etc. Os músculos abdominais, por exemplo, são uma parte importante da construção estático-dinâmica do tronco, o qual sustenta as vísceras abdominais, e também auxiliam ativamente na fase final da expiração.

Neste capítulo, você aprenderá sobre os músculos que fazem parte da região abdominal (parede abdominal), que também são partes do tronco animal. Contudo, pela sua aproximação com os membros pélvicos, esses músculos serão abordados neste texto.

Características, apresentação e reconhecimento das terminologias dos músculos abdominais

Os músculos da parede abdominal são lâminas musculares largas e finas que, juntamente com as aponeuroses, constituem a base muscular e tendinosa da parede abdominal. Os músculos desse grupo emergem da margem cranial da pelve, da região lombar e da parte caudal do tórax, formando a parede lateral e ventral do corpo do animal.

As lâminas musculares se inserem por meio de aponeurose às estruturas tendíneas, como a linha alba na linha média e no tendão pré-púbico e o ligamento inguinal, caudalmente (DYCE; SACK; WENSING, 2004; KÖNIG; LIEBICH, 2014).

Fique atento

Linha alba: cordão tendinoso que se prolonga entre a cartilagem xifóidea e a margem cranial da pelve, em que se insere no tendão pré-púbico. É acompanhada bilateralmente pelo músculo reto do abdome. Forma o anel umbilical para o úraco e os vasos umbilicais no feto, os quais formam o umbigo após o parto.
Ligamento inguinal: emerge da eminência iliopúbica até a tuberosidade coxal. Há uma abertura entre o ligamento inguinal, a fáscia ilíaca e a margem cranial do púbis, a qual permite a passagem até o músculo psoas maior e o músculo ilíaco e, com exceção dos carnívoros, o músculo sartório. Ventromedialmente, forma uma passagem para a artéria e as veias ilíacas externas, para a artéria e as veias femorais profundas, para o nervo safeno e para os vasos linfáticos.

Segundo Dyce, Sack e Wensing (2004) e König e Liebich (2014), quando os músculos abdominais se contraem contra um diafragma imóvel, resulta em aumento da pressão intra-abdominal, que, por sua vez, reforça as contrações dos músculos viscerais necessários durante a defecação, a micção e o parto.

Músculo oblíquo externo do abdome

É o músculo abdominal mais superficial e é coberto pelas fáscias profunda e superficial do tronco e pela parte abdominal do músculo cutâneo. Emerge das digitações da face lateral das costelas (conforme a espécie, varia qual costela) e da fáscia toracolombar. Pode ser dividido em parte torácica (maior emerge da face lateral do tórax) e parte lombar (menor, emerge da última costela e da fáscia toracolombar). No equino, essa porção emerge também da tuberosidade coxal. A inserção desse músculo ocorre na linha alba e no ligamento pré-púbico com o tendão abdominal e ao ligamento inguinal com o tendão pélvico. Sua função é de fazer pressão e expiração abdominais e compressão das vísceras abdominais (DYCE; SACK; WENSING, 2004; KÖNIG; LIEBICH, 2014).

Músculo oblíquo interno do abdome

Posiciona-se abaixo do músculo oblíquo externo do abdome. Emerge da tuberosidade coxal, da parte proximal do ligamento inguinal e, com exceção dos equinos, dos processos transversos das vértebras lombares e da fáscia toracolombar. Sua inserção ocorre na linha alba e na última costela. Em machos, esse músculo destaca uma faixa muscular estreita caudalmente, o **músculo cremaster**, que cobre o processo vaginal em sua face lateral e passa com esse último pelo anel inguinal. Sua função é fazer pressão e expiração abdominais e compressão das vísceras abdominais.

Fique atento

Processo vaginal — presente nos machos. É coberto pelo músculo cremaster, contém o cordão espermático, os vasos sanguíneos e os nervos e atravessa o canal inguinal.

Músculo transverso do abdome

É o menor dos músculos da parede abdominal, posicionando-se mais profundamente em relação aos outros. Emerge cranialmente do interior das cartilagens costais das últimas 12 costelas no equino e da 12ª e 13ª costelas no cão, e caudalmente dos processos transversos das vértebras lombares. Sua margem caudal alcança a tuberosidade coxal e sua parte muscular continua como uma aponeurose até atingir a linha alba (na altura da margem lateral do músculo reto do abdome). Sua função é fazer pressão e expiração abdominais e compressão das vísceras abdominais.

Músculo reto do abdome

Ao contrário dos outros músculos abdominais, não forma aponeurose. O músculo situa-se dentro de uma bainha, a bainha do músculo reto, que é formada pelas aponeuroses dos outros músculos abdominais de forma variável conforme a espécie. Emerge do esterno e das cartilagens costais das costelas verdadeiras. Insere-se no tendão pré-púbico e no pécten do osso púbico. No equino, o tendão de inserção do músculo reto do abdome se destaca para formar o ligamento acessório da cabeça femoral, o qual corre para a articulação coxofemoral, na qual se insere juntamente com o ligamento da cabeça do fêmur à cabeça do fêmur. Sua função é fazer pressão e expiração abdominais e compressão das vísceras abdominais (DYCE; SACK; WENSING, 2004; KÖNIG; LIEBICH, 2014).

A inervação de todos esses músculos é feita pelos ramos ventrais dos nervos torácicos e lombares.

Características, apresentação e reconhecimento das terminologias dos músculos do membro pélvico

A musculatura do membro pélvico inclui as fáscias, a musculatura do cíngulo pélvico e os músculos intrínsecos do membro.

A **fáscia transversal** (fáscia interna do tronco) no abdome é contínua com a **fáscia ilíaca** da pelve. Esta prossegue caudalmente com o ligamento inguinal e a fáscia do diafragma pélvico. Os músculos do membro pélvico são cobertos superficialmente por várias camadas de fáscia extensa que envia múltiplos septos entre os músculos. Na região glútea, é chamada de **fáscia glútea**, na face medial do fêmur é chamada de **fáscia femoral** e na face lateral do fêmur é conhecida como **fáscia lata**. Distalmente, essas fáscias prosseguem como a **fáscia da articulação do joelho** e a **fáscia crural** (DYCE; SACK; WENSING, 2004; KÖNIG; LIEBICH, 2014).

Musculatura do cíngulo pélvico

Também é chamada de musculatura extrínseca do membro pélvico. Essa musculatura compreende as nomenclaturas apresentadas a seguir.

- **Músculo psoas menor**: emerge da face ventral da 2ª ou da 3ª vértebra torácica caudal e da 4ª ou da 5ª vértebra lombar cranial e se insere por meio de um forte tendão ao tubérculo psoas do corpo do fêmur. O tendão plano de inserção também se fusiona à fáscia ilíaca e se insere na linha arqueada do ílio, prolongando até a iminência iliopúbica. Em ruminantes e equinos, há várias intersecções tendíneas. Esse músculo deixa a pelve mais íngreme quando a coluna vertebral está fixa e flexiona a coluna vertebral durante a fase de apoio da locomoção (Figura 1).
- **Músculo iliopsoas**: é o músculo mais forte do cíngulo pélvico. Pode ser dividido em uma parte lombar e uma parte ilíaca, exceto nos carnívoros, nos quais as duas partes encontram-se fusionadas.
  - **Músculo psoas maior**: representa a parte lombar. Emerge dos corpos e dos processos transversos das vértebras lombares, das duas últimas vértebras torácicas e das costelas. Se insere no trocânter menor do osso fêmur após sua incorporação ao músculo ilíaco (Figura 1).
  - **Músculo ilíaco**: representa a parte ilíaca. Emerge da asa e do corpo do ílio e se insere no trocânter menor do fêmur por meio do tendão comum do músculo iliopsoas (Figura 1).

A função do músculo iliopsoas é flexionar a articulação coxofemoral. Quando o membro está fixo, na fase de apoio da locomoção, o músculo iliopsoas flexiona a coluna vertebral. Quando o membro sofre extensão, o músculo faz com que o tronco se retraia caudalmente (Figura 1) (DYCE; SACK; WENSING, 2004; KÖNIG; LIEBICH, 2014).

Músculo quadrado lombar

Emerge das faces dos processos transversos das vértebras lombares e das extremidades proximais das costelas e se insere na face ventral das asas do sacro e do ílio. Em carnívoros, esse músculo divide-se em parte torácica e parte lombar. A parte torácica tem várias origens, como de cada um dos corpos das últimas três vértebras torácicas e se insere nos processos transversos das vértebras lombares craniais. A parte lombar se projeta e se insere na margem ventral do sacro e da asa ilíaca. Esse músculo estabiliza a coluna vertebral lombar. Em carnívoros e suínos, nos quais a ventroflexão e a dorsoflexão são possíveis, ele também auxilia na ventroflexão da articulação sacroilíaca (Figura 1).

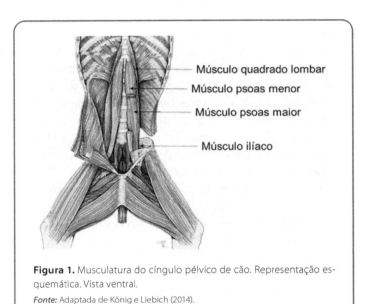

Figura 1. Musculatura do cíngulo pélvico de cão. Representação esquemática. Vista ventral.
Fonte: Adaptada de König e Liebich (2014).

Musculatura intrínseca do membro pélvico

Os músculos intrínsecos do membro pélvico fornecem a propulsão para a locomoção. A força desenvolvida por esses músculos é transferida ao tronco pelas articulações coxofemoral e sacroilíaca, as quais são sustentadas pelos músculos do membro pélvico. Veja a seguir quais são os músculos que compreendem a musculatura intrínseca.

Músculos femorais

São músculos bastante desenvolvidos nos equinos. Sua função é realizar a extensão da articulação coxofemoral, mas alguns também atuam como extensores do joelho e do tarso. São músculos agrupados conforme sua posição.

Músculos externos do quadril

São músculos que se situam sobre as partes lateral e caudal da parede pélvica. Dentre eles, temos o glúteo superficial, gluteofemoral, glúteo médio, piriforme, glúteo profundo e tensor da fáscia lata.

Músculo glúteo superficial

Está presente apenas nos carnívoros como um músculo isolado, nas demais espécies domésticas ele se fusiona aos músculos vizinhos. Realiza a extensão da articulação coxofemoral, retrai o membro e também suporta a rotação lateral. A inervação desse músculo é feita pelo nervo glúteo caudal. Nos carnívoros, emerge da fáscia glútea, da parte lateral do sacro, da tuberosidade sacral do ílio, da 1ª vértebra caudal e do ligamento sacrotuberal, inserindo-se sobre o trocânter maior do fêmur.

Nos suínos apresenta duas partes, uma superficial menor e outra maior e mais profunda. A parte superficial divide-se em uma parte cranial (emerge da fáscia glútea e se fusiona com o músculo tensor da fáscia lata) e uma parte caudal (emerge cranial ao músculo bíceps femoral e se irradia na fáscia lata). A parte profunda emerge do sacro e da 1ª vértebra caudal e se une ao músculo bíceps para formar o **músculo glúteo bíceps**. Nos bovinos também há essa denominação (nos pequenos ruminantes o músculo glúteo superficial é parcialmente fusionado). No equino, o músculo glúteo superficial se origina da fáscia glútea e cobre o músculo glúteo médio, seu tendão de inserção se fixa no terceiro trocânter e se irradia na fáscia femoral. Suas funções são a extensão e a flexão da articulação coxofemoral. A inervação desse músculo é feita pelo nervo glúteo caudal.

Músculo gluteofemoral

Existe apenas nos gatos. Esse músculo se posiciona ente o músculo glúteo superficial e o músculo bíceps femoral. Emerge da 2ª à 4ª vértebra caudal e se insere na face lateral da patela e da fáscia lata por meio de uma aponeurose. Suas funções são a retração e a abdução do membro e a extensão do quadril, sendo também responsável pelos movimentos laterais da cauda quando o membro se encontra em posição fixa. A inervação desse músculo é feita pelo nervo glúteo caudal.

Músculo glúteo médio

Emerge, nos carnívoros, da face glútea do ílio ente a crista ilíaca e a linha glútea. Nos equinos e suínos, emerge da 1ª vértebra lombar, da aponeurose do músculo longuíssimo lombar, do osso sacro e do ligamento sacrotuberal largo. Esse músculo divide-se em uma parte profunda e outra parte superficial. A parte superficial se insere no trocânter maior, já a parte profunda se insere com um tendão no trocânter maior e um segundo tendão passa sob o músculo vasto lateral e se insere no trocânter maior em bovinos e na crista intertrocantérica nos equinos. A parte profunda do músculo glúteo médio é chamada de **músculo glúteo acessório**. A função do músculo glúteo médio é estender o quadril e realizar a retração e a abdução do membro. A inervação desse músculo é feita pelo nervo glúteo cranial.

Músculo piriforme

Está fusionado ao músculo glúteo médio em todas as espécies domésticas, exceto nos carnívoros. Emerge da última vértebra sacral e do ligamento sacrotuberal, inserindo-se no trocânter maior do fêmur. Sua função é ser extensor da articulação coxofemoral e projetar o membro lateral e caudalmente. A inervação desse músculo é feita pelo nervo glúteo cranial.

Músculo glúteo profundo

Emerge da face lateral do corpo ilíaco, próximo da espinha ilíaca e, em ruminantes, do ligamento sacrotuberal largo. Insere-se no trocânter maior do fêmur ou, no caso dos ruminantes, distal a ele, na face craniolateral do fêmur. Sua função é projetar o membro lateral e caudalmente. A inervação desse músculo é feita pelo nervo glúteo cranial.

Músculo tensor da fáscia lata

Em carnívoros emerge da parte ventral da espinha ilíaca e da aponeurose do músculo glúteo médio. Ele se alarga e se irradia com três partes moderadamente distintas na fáscia lata, com a qual prossegue distalmente até a patela. Em ruminantes e equinos, emerge da tuberosidade coxal e se prolonga distalmente na margem cranial do músculo quadríceps femoral. Combina com a fáscia lata e se insere na patela, no ligamento patelar e na margem cranial da tíbia. A função desse músculo é tensionar a fáscia lata e, assim, flexionar o quadril, causando a extensão do joelho. Ele também promove o avanço do membro durante a fase de balanço da locomoção (projeção cranial). A inervação desse músculo é feita pelo nervo glúteo cranial.

Músculos femorais caudais

São músculos que se prolongam desde o ísquio até a tíbia e seus componentes tendíneos prosseguem como parte do tendão calcanear comum até o calcâneo. São músculos multiarticulares, abrangendo as articulações coxofemoral e do joelho e parte do tarso. Em ungulados, alguns desses músculos apresentam cabeças vertebrais, as quais emergem das vértebras sacrais e caudais, além das cabeças que se originam da pelve (DYCE; SACK; WENSING, 2004; KÖNIG; LIEBICH, 2014). Esse grupo de músculos compreende:

Músculo bíceps femoral

É o maior e mais lateral músculo. Compõe-se de uma parte forte cranial, a qual emerge do sacro e do ligamento sacrotuberal (cabeça vertebral) e uma parte caudal menor, que emerge do ísquio (cabeça pélvica). Em ruminantes e suínos, a cabeça vertebral está fusionada firmemente ao músculo glúteo superficial, formando o **músculo glúteo bíceps**. Os tendões de inserção variam conforme a espécie, são dois tendões em carnívoros, suínos e ruminantes e três tendões nos equinos. Esses tendões se irradiam na fáscia lata, na fáscia do joelho e na fáscia crural fixando-se na patela, aos ligamentos do joelho e à tíbia. Um tendão tarsal se destaca para inserção no calcâneo.

No cão, o músculo bíceps femoral emerge com uma cabeça cranial a partir do ligamento sacrotuberal e com uma cabeça caudal a partir do ângulo lateral da tuberosidade isquiática. Os dois ventres musculares se unem por meio de uma aponeurose com a fáscia crural e com a fáscia do joelho, inserindo-se na patela, no ligamento patelar e na tuberosidade da tíbia.

Como o músculo é composto de várias partes e apresenta diversos pontos de inserção, sua função é bastante complexa. De forma geral, ele realiza a extensão e a abdução do membro. A parte vertebral cranial projeta o quadril e o joelho, enquanto a cabeça pélvica caudal, além de provocar a extensão do quadril, flexiona o joelho. Por meio de sua fixação com o tendão tarsal, ele também auxilia na extensão do tarso. A inervação desse músculo é feita pelo nervo glúteo caudal (músculo bíceps femoral) e pelo nervo tibial (cabeça pélvica) (DYCE; SACK; WENSING, 2004; KÖNIG; LIEBICH, 2014).

Músculo abdutor crural caudal

Está presente apenas em carnívoros. Emerge dos ligamentos sacrotuberais e se insere na fáscia crural. Sua função é de auxiliar o músculo bíceps femoral na abdução do membro. A inervação desse músculo é feita pelo nervo fibular.

Músculo semitendíneo

Divide-se em cabeças pélvica e vertebral (esta última presente apenas em equinos e suínos). Em carnívoros, emerge da tuberosidade isquiática entre as cabeças pélvicas do músculo bíceps femoral e do músculo semimembranáceo. O músculo semitendíneo emite um tendão que percorre a face medial do músculo gastrocnêmio até o tendão calcanear. Um tendão acessório insere-se na tuberosidade calcânea. Em ruminantes, emerge da tuberosidade isquiática e se insere na margem cranial da extremidade proximal da tíbia, na fáscia crural e no tendão de inserção do músculo grácil. Um tendão adicional se insere na tuberosidade calcânea. Nos equinos e nos suínos, a cabeça pélvica emerge da tuberosidade isquiática e a cabeça vertebral emerge do sacro, da 1ª vértebra caudal e do ligamento sacrotuberal largo. A inserção das duas cabeças é na fáscia crural, na margem cranial da tíbia e na tuberosidade calcânea. Esse músculo realiza a extensão da articulação coxofemoral, do joelho e do tarso quando o pé é colocado no chão e, assim, move o tronco para frente. Além disso, flexiona o joelho e gira a perna para fora. A inervação desse músculo é feita pelo nervo glúteo caudal e pelo nervo tibial.

Músculo semimembranáceo

É o músculo mais medial dos músculos femorais caudais. Emerge com duas cabeças, uma vertebral e outra pélvica, no equino e com apenas uma cabeça pélvica nos outros mamíferos domésticos. A cabeça pélvica emerge da face ventral do ísquio e se insere com um tendão no côndilo medial do fêmur e outro tendão no côndilo medial da tíbia. Em carnívoros, se insere com um tendão curto na aponeurose do músculo gastrocnêmio e também no côndilo femoral medial. No equino, apresenta duas cabeças de origem: a cabeça vertebral (emerge no ligamento sacrotuberal largo e na 1ª vértebra caudal) e a cabeça pélvica (emerge da face ventral da tuberosidade isquiática). A inserção do músculo semimembranáceo é como um tendão curto no côndilo femoral medial e no ligamento colateral medial da articulação femorotibial e por meio de uma aponeurose no côndilo medial da tíbia. Esse músculo realiza a extensão da articulação coxofemoral e do joelho na posição de sustentação do corpo, apoiando a propulsão do tronco, além de realizar adução e retração do membro na posição livre de peso. A inervação desse músculo é feita pelo nervo glúteo caudal e pelo nervo tibial. Veja a Figura 2.

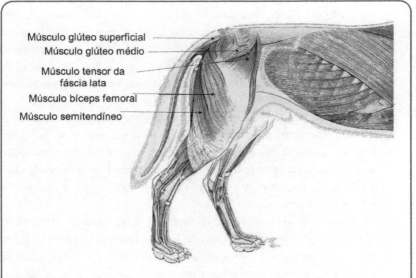

Figura 2. Representação esquemática da musculatura superficial do membro pélvico de cão. Vista lateral.
Fonte: Adaptada de König e Liebich (2014).

Músculos femorais mediais

São músculos que se prolongam entre o assoalho pélvico e o fêmur no lado femoral medial (Figura 3). Esse grupo compreende:

- **Músculo sartório**: no cão, este músculo compreende duas partes. A parte cranial emerge da crista ilíaca e se insere na fáscia femoral e na fáscia do joelho. A parte caudal emerge da espinha ilíaca ventral e se insere na margem cranial da tíbia. É um músculo favorável para aferição do pulso, uma vez que no cão o sartório não cobre o triângulo femoral. Ruminantes apresentam duas cabeças de origem, enquanto no equino é apenas uma que emerge da fáscia ilíaca e do tendão do músculo psoas menor e se insere na tuberosidade da tíbia. A função desse músculo é flexionar o quadril e projetar o membro pélvico para a frente. Além disso, ele proporciona a extensão do joelho por meio da sua união com a fáscia crural e a fáscia do joelho. A inervação desse músculo é feita pelo nervo femoral (Figura 3).

- **Músculo grácil**: emerge de uma aponeurose na sínfise pélvica, dos tendões de inserção do músculo reto do abdome e, nos equinos, do ligamento acessório da cabeça do fêmur. Sua inserção aponeurótica se fusiona com a fáscia crural se fixando na crista tibial. Esse músculo é um forte adutor do membro. A inervação desse músculo é feita pelo nervo obturatório.

- **Músculo pectíneo**: emerge da iminência iliopúbica e do tendão pré--púbico (conforme a espécie) e se insere na margem medial do fêmur. Em cães que sofrem de displasia coxofemoral é comum a dissecação desse músculo para impedir a adução do membro. Esse músculo realiza a adução do membro. A inervação desse músculo é feita pelo nervo obturatório e femoral.

- **Músculos adutores**: emergem na face ventral do assoalho pélvico e na aponeurose de origem do músculo grácil. Se inserem na face medial do fêmur e na fáscia e nos ligamentos da face medial do joelho. Conforme a espécie, seus segmentos apresentam denominação própria: carnívoros têm o **músculo adutor magno**, o qual emerge de toda a sínfise pélvica e do tendão sinfisiário e se insere na tuberosidade supracondilar lateral e na fossa poplítea. O **músculo adutor curto** se prolonga ente o tubérculo púbico e a face caudal do fêmur. O **músculo adutor longo** está fusionado ao músculo pectíneo no cão, porém separado nos gatos. Nos suínos, os músculos adutores magno e curto são fundidos, sendo ovais nas fêmeas e triangular nos machos. Nos equinos, o grupo adutor compreende um músculo adutor curto cranial e um músculo adutor magno caudal, que se inserem ao longo de toda a face medial do fêmur até o ligamento medial do joelho. Sua principal função é a adução do membro. A inervação desse músculo é feita pelo nervo obturatório.

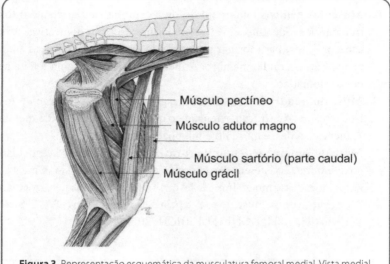

Figura 3. Representação esquemática da musculatura femoral medial. Vista medial.
Fonte: Adaptada de König e Liebich (2014).

Músculos pélvicos internos

Situam-se próximos à articulação coxofemoral, prolongando-se entre a pelve e a fossa trocantérica do fêmur (Figura 4). Esses músculos compreendem:

- **Músculo obturador interno**: existe em carnívoros e equinos. Nos carnívoros emerge do ísquio, do púbis e do arco isquiático e se insere na fossa trocantérica. No equino emerge das margens cranial e medial do forame obturado, da sínfise pélvica, do ísquio (cabeça pequena) e também da face pélvica do corpo do ílio (cabeça maior) e se inserem na fossa trocantérica. Esse músculo supina o fêmur lateralmente e auxilia na extensão do quadril. A inervação desse músculo é feita pelo nervo isquiático.
- **Músculo obturador externo**: emerge próximo ao forame obturado desde a face pélvica ventral e termina na fossa trocantérica. Ruminantes e suínos apresentam uma parte intrapélvica extra, a qual emerge do corpo do ílio, do púbis e do ísquio. Esse músculo atua como supinador do fêmur e adutor do membro. A inervação desse músculo é feita pelo nervo obturatório.

- **Músculos gêmeos**: emergem desde a espinha isquiática até a fossa trocantérica. São músculos fusionados nas espécies domésticas (exceção nos gatos) para formar um músculo único. Esse músculo auxilia na rotação lateral do membro. A inervação desse músculo é feita pelo nervo isquiático.
- **Músculo quadrado femoral**: emerge do ísquio e se insere na fossa trocantérica. Auxilia na extensão do quadril e na retração do membro. A inervação desse músculo é feita pelo nervo isquiático.
- **Músculo femoral articular da coxa**: emerge da cápsula da articulação coxofemoral. Existe em carnívoros e equinos. Ele tensiona a cápsula articular e, desse modo, impede lesões a suas estruturas periarticulares. A inervação desse músculo é feita pelo nervo isquiático (DYCE; SACK; WENSING, 2004; KÖNIG; LIEBICH, 2014).

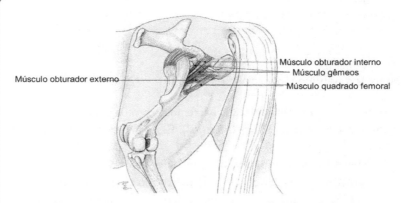

Figura 4. Representação esquemática da musculatura pélvica interna de um equino. Vista lateral.
Fonte: Adaptada de König e Liebich (2014).

Músculos do joelho

Músculo quadríceps femoral

Compõe-se de quatro partes, as quais são separadas em sua origem, mas convergem para formar um único tendão que encerra em si a patela como um osso sesamoide e termina na tuberosidade das tíbias como o ligamento reto da patela. As origens são as mesmas nas espécies domésticas: **músculo reto femoral** (Figura 5), que emerge do corpo do ílio e se insere na patela e na tuberosidade da tíbia; **músculo vasto lateral** (Figura 5), que emerge da face lateral do fêmur e se insere na patela e na tuberosidade da tíbia; **músculo vasto medial** (Figura 5), que emerge da face medial do fêmur e se insere na patela e tuberosidade da tíbia; e **músculo vasto intermédio, que** emerge da face cranial do fêmur e se insere na patela e na tuberosidade da tíbia. A função desses músculos é estender a articulação do joelho (todos eles) e flexionar a articulação coxofemoral (músculo reto femoral). A inervação desse músculo é feita pelo nervo femoral (DYCE; SACK; WENSING, 2004; KÖNIG; LIEBICH, 2014).

Músculo poplíteo

Emerge do côndilo lateral do fêmur e se insere na margem medial da tíbia. Seu tendão de origem contém um osso sesamoide em carnívoros. Sua função é flexionar o joelho e ser pronador da perna. A inervação desse músculo é feita pelo nervo tibial.

Músculos da tíbia

Esse grupo compreende os extensores e flexores do tarso e os extensores e flexores dos dedos. Dividem-se em músculos craniolaterais da tíbia (flexores do tarso e extensores dos dedos) e músculos caudais da tíbia (extensores do tarso e flexores dos dedos).

Músculos flexores do tarso

- **Músculo tibial cranial**: emerge do côndilo lateral da tíbia e da extremidade proximal da fíbula e se insere nos ossos do tarso e do metatarso. Sua função é flexionar o tarso. A inervação desse músculo é feita pelo nervo fibular (Figura 5).
- **Músculo fibular longo**: ausente nos equinos. Emerge da fíbula, do côndilo lateral da tíbia e do ligamento colateral lateral da articulação do joelho e se insere nos ossos tarsal I ou metatarsal I. Sua função é flexionar o tarso e retrair o membro para dentro. A inervação desse músculo é feita pelo nervo fibular.
- **Músculo fibular curto**: presente apenas em carnívoros. Emerge da metade distal da fíbula e da tíbia e se insere no osso metatarsal V.

Sua função é flexionar o tarso. A inervação desse músculo é feita pelo nervo fibular.
- **Músculo fibular terceiro**: inexistente em carnívoros. Emerge da fossa extensora do fêmur e se insere nos ossos do tarso e do metatarso. Sua função é flexionar o tarso e estender a articulação do joelho. A inervação desse músculo é feita pelo nervo fibular (Figura 5).

Músculos extensores dos dedos

- **Músculo extensor longo dos dedos**: emerge da fossa extensora do fêmur e se insere no processo extensor da falange distal. Sua função é estender os dedos e a articulação do joelho. A inervação desse músculo é feita pelo nervo fibular (Figura 5).
- **Músculo extensor lateral dos dedos**: emerge da fíbula e do côndilo lateral da tíbia e se insere na falange média do 5º ou do 4º dedo e no processo extensor da falange distal, nos equinos. Sua função é estender os dedos. A inervação desse músculo é feita pelo nervo fibular (Figura 5).
- **Músculo extensor longo do hálux**: emerge da parte proximal da fíbula e membrana interóssea e se insere no 2º dedo. Sua função é estender o segundo dedo e o primeiro (caso se fixe a ele), além de auxiliar na flexão do tarso. A inervação desse músculo é feita pelo nervo fibular.

Músculos extensores do tarso

- **Músculo gastrocnêmio**: emerge com duas cabeças, distal no fêmur (proximal aos côndilos), e se insere na tuberosidade calcânea (tendão calcanear comum). Em carnívoros, a cabeça medial emerge do lábio medial da extremidade distal do fêmur e a cabeça lateral emerge do lábio lateral. Nos gatos o músculo se origina da patela e da fáscia lata. Nos equinos, emergem as duas cabeças dos lados medial e lateral da fossa supracondilar do fêmur. Sua função é estender o tarso e flexionar a articulação do joelho. A inervação desse músculo é feita pelo nervo tibial (Figura 5).
- **Músculo sóleo**: inexistente nos cães. Em ruminantes e equinos, emerge da fíbula rudimentar proximal e se insere no tendão calcanear comum. Sua função é estender o tarso. A inervação desse músculo é feita pelo nervo tibial (Figura 5).

Músculos flexores dos dedos

Músculo flexor superficial dos dedos: emerge da fossa supracondilar e da tuberosidade supracondilar lateral. Insere-se nas falanges proximais e na falange média. Suas funções são flexionar a articulação do joelho, flexionar os dedos e estender o tarso. A inervação desse músculo é feita pelo nervo tibial.

Veja quais são os músculos flexores profundos dos dedos:

- **Músculo tibial caudal**: emerge da fíbula e da tíbia e se insere no tendão flexor profundo dos dedos e na falange distal. Sua função é flexionar os dedos. A inervação desse músculo é feita pelo nervo tibial (Figura 5).
- **Músculo flexor medial dos dedos**: emerge da cabeça da fíbula e da linha poplítea da tíbia e se insere no tendão flexor profundo dos dedos e na falange distal. Nos carnívoros, seu tendão delicado se irradia na massa ligamentosa medial do tarso e não participa da formação do tendão flexor profundo dos dedos. Sua função é flexionar os dedos. A inervação desse músculo é feita pelo nervo tibial (Figura 5).
- **Músculo flexor lateral dos dedos**: emerge da fíbula e da tíbia e se insere no tendão flexor profundo dos dedos e na falange distal. Sua função é flexionar os dedos. A inervação desse músculo é feita pelo nervo tibial (Figura 5).

Os músculos curtos dos dedos são semelhantes aos músculos que recebem a mesma denominação no membro torácico. São músculos bem desenvolvidos em carnívoros e rudimentares ou ausentes nos outros mamíferos domésticos, com exceção dos músculos interósseo. Compreendem:

- **Músculo extensor curto dos dedos**: posiciona-se na face dorsal dos ossos metatarsos e lateralmente ao tendão extensor longo dos dedos. Se inserem juntamente com os tendões correspondentes do tendão extensor comum depois de se combinarem com ramos dos músculos interósseos.
- **Músculo flexor curto dos dedos**: são fibras musculares nos cães e mais amplas nos gatos, que fazem parte do tendão flexor superficial dos dedos.
- **Músculos interflexores**: são dois fascículos de músculos nos cães e três nos gatos. Estão posicionados entre os tendões flexores profundo e superficial, prolongando-se do tarso às articulações metatarsofalângicas.
- **Músculos interósseos e os músculos lumbricais**: semelhantes às descrições para o membro torácico.

- **Músculo quadrado plantar**: é mais forte no gato que no cão. Emerge da face lateral do calcâneo, se prolonga mediodistalmente até o tendão flexor profundo dos dedos e se irradia no tendão flexor medial dos dedos (DYCE; SACK; WENSING, 2004; KÖNIG; LIEBICH, 2014).

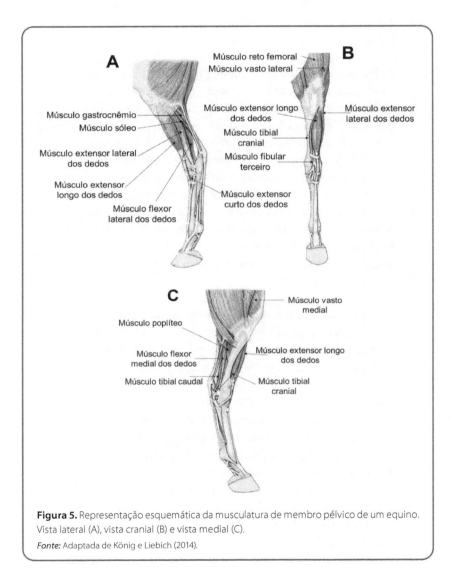

Figura 5. Representação esquemática da musculatura de membro pélvico de um equino. Vista lateral (A), vista cranial (B) e vista medial (C).
Fonte: Adaptada de König e Liebich (2014).